変な経営論
澤田秀雄インタビュー

聞き手＝桐山秀樹／丸本忠之

講談社現代新書
2448

※本書はもともとホテル業界に詳しい旧知のジャーナリスト、桐山秀樹さんの取材に応じる形でスタートした。ところがハウステンボスでのインタビューを目前に控えた2016年の2月、桐山さんは62歳で急逝されてしまった。いまだに信じられない思いでいっぱいで、ふいに桐山さんがいつもの優しい笑顔で取材に現れる気がしてならないのだ。その後、ライターの丸本忠之さんに取材を引き継いでもらい、インタビューを私の一人語りの形で、読みやすくまとめてくれて本書は完成した。あらためて桐山秀樹さんのご冥福をお祈りしたい。　澤田秀雄

はじめに

社会が変化するスピードはますます速くなっており、どんなに経験が豊富でも歳《とし》をとった人間には対応が難しい。会社の経営は、感受性が豊かで体力も十分な若い世代に任せるほうがいい――。

それが長年の持論だった。いまでもそう考えている。

実際、２００４年６月に53歳で会長に退いて以降、エイチ・アイ・エスの経営は若い幹部たちに任せてきた。その後、私がプレイングマネジャーとして経営に携わったのは、証券やテーマパークなど、旅行以外の事業だった。

しかし、そんな私が２０１６年11月、なんと65歳にしてエイチ・アイ・エスの社長に復帰することになった。実に12年ぶりのことだ。

もちろん、理由がある。あえて言うなら、時代の変化が予想を超えて速かったということだろう。

一つ目は、旅行業界を取り巻く環境の変化。日本の人口が減り始め、海外旅行者の数が頭打ちになった。実店舗をもたないオンライン専門の旅行代理店も現れた。一つのビジネスモデルが通用するのは、長くて30年といわれる。私の作ったエイチ・アイ・エスのビジネスモデルも古くなったのだ。ここでビジネスモデルを根本から変えて、旅行業を再び二桁成長に戻す必要がある。

たしかに日本の旅行業は今後、大きな伸びは見込めないものの、実は世界全体を見ると旅行業は伸び盛りの分野で、この10年間で規模が10倍にもなっている。こうした需要を取り込んでいく。いわば「日本のエイチ・アイ・エス」から「世界のエイチ・アイ・エス」に脱皮させるのである。

二つ目は、事業が旅行業に限らず、多岐にわたってきたことだ。グループ会社はいまや約１２０社もある。私が会長だった12年間で、エイチ・アイ・エス・グループの売上高は2倍、利益は3倍になった。こうした躍進を支えているのが、旅行以外の分野なのだ。

例えば子会社のハウステンボスは、経常利益１００億円をコンスタントに稼げる企業に成長した。エイチ・アイ・エス本体の経常利益とさほど変わらない。テーマパーク事業がここまで伸びるとは、さすがに私も想像できなかった。

ハウステンボスの再生に乗り出したときは、誰もが「エイチ・アイ・エスの足を引っ張る存在になる」と予想した。ところが、いまやエイチ・アイ・エスの決算が悪かったりすると「熊本地震の影響が予想以上に大きく、ハウステンボスの集客の回復が遅れたためだ」などと解説される。逆にエイチ・アイ・エス・グループの収益の柱と考えられるようになったのだ。

では、テーマパーク事業に続いて、収益の柱になり得るものはあるのか？　私はホテル、ロボット、エネルギー、植物工場の４分野だと思う。これら「４本の柱」は10年を待たず、旅行業に匹敵する稼ぎ頭になるだろう。

そんなバカなと思われるかもしれないが、ホテルで説明してみよう。「変なホテル」をご存じだろうか？　２０１５年にハウステンボス内にオープンし、ロボットがフロント業務を行う世界初のホテルとして話題を呼んだ。テレビや新聞でご覧になった方も多いのではないか。

実は、この「変なホテル」を世界展開して、今後３～５年で１００軒に増やす計画だ。1軒当たり2億〜3億円の利益が出ると考えると、これだけで200億〜300億円の利益。旅行業での稼ぎを軽く抜いてしまうのである。

社長復帰後、私は「3〜5年でエイチ・アイ・エス・グループの売上高を1兆円、経常利益を1000億円にする」と宣言した。事業計画も作った。現在の売上高が6000億円弱なので、不可能だと否定する向きも多かったが、私はきわめて現実的な数字だと考えている。

エネルギー事業だって1〜2年後には売上高100億円に達するだろう。要は、これから先10〜20年で急成長する分野に経営資源を集中していくのだ。

旅行以外の分野まで目配りするとなると、それを経験した私にしかできない。エイチ・アイ・エスの幹部は若くて頭が柔軟だし、旅行業のプロでもあるのだが、ここまで多角化した業務に対応しきれない。M&A(合併・買収)も加速させるので、迅速な意思決定のためには、私がトップを務めるほうがいい。それが社長復帰の理由である。

若い経営者のほうがいいとの思いは変わらないものの、これだけの大改革を成し遂げられる適任者は見当たらない。

＊＊＊＊

「それにしても、どうして旅行会社がエネルギー事業とか植物工場とか、まったく関係のない分野に手を出すの？」

そう疑問に感じた読者がいるかもしれない。しかし、私の頭のなかでは、すべてがつながっている。

旅行業は平和産業である――。それが私の持論だ。昔からそう言い続けているが、2016年にヨーロッパ各地でテロが相次ぎ、ヨーロッパ旅行も壊滅的に減ったときは、改めてその思いを強くした。

湾岸戦争のときも、9・11同時多発テロのときもそうだったが、海外旅行をする日本人が「ゼロになるんじゃないか？」と思うほど激減する。エイチ・アイ・エスのお客様の大半はビジネス目的ではなく、観光目的の個人客なので、影響がよりビビッドに出る。平和であってこその旅行産業なのだ。

では、なぜ戦争が起こるのか？　大半はエネルギーか食糧の奪い合いである。だから、より安い価格で、より安定的にエネルギーや食糧を提供したい。それがエネルギー事業や植物工場を始めた理由である。より安く安定的に提供するには、生産性を高めることが不可欠だ。だからロボット事業なのである。「変なホテル」はロボットの実証実験の場でもある。ロボットが仕事をしてくれれば、人間の余暇も増える。

そうして世の中が平和になり、余暇が増えれば、安心して旅行を楽しんでもらえる。かつての「本業」である旅行業にも大きな恩恵があるわけだ。

きれいごとだと笑われるかもしれないが、エイチ・アイ・エス・グループの企業理念は「自然の摂理にのっとり、人類の創造的発展と世界平和に寄与する」。私は本気でそれを実現したいと考えている。歳をとるほど「世のため人のために仕事がしたい」と考えるようになるものだ。もちろんビジネスである以上、利益は無視しない。しっかり儲《もう》けつつ、結果的に世のため人のためになるよう働くのである。

ちなみに、「4本の柱」は、すべてハウステンボスから生まれてきた事業だ。いずれも大きく成長し、数年のうちに世界へ打って出られると確信している。詳しくは本文で説明するが、ハウステンボスは単なるテーマパークではなく、先端技術の壮大な実験場なのである。

ハウステンボスの再生を引き受けたときは、勝算こそあったものの、ここまで孝行息子に育つとは予想もしていなかった。単なる石ころかもしれないし、良くて石炭ぐらいだろうと考えていた。特に再建1年目は「拾ったのは、やっぱり石ころだったか」と暗澹《あんたん》たる気分になることもしばしばだった。ところが、年を追うごとにはっきりしてきた。ダイヤモンドの原石だったのである。

いまから考えれば、転機はハウステンボスだった。ハウステンボスの社長もまだ続けているが、そこで私が何に気づき、どう考え方を変え、その経験がどういう形でエイチ・アイ・エスの大改革につながったのか、洗いざらいご紹介したい。

＊＊＊

社会が変化するスピードは、ここからさらに加速していくだろう。そんな時代を生きるのはしんどいことだが、裏返して考えれば、一夜にして巨万の富を手にできるチャンスに満ちた時代ともいえる。そういう意味では、これからの時代を生きる人たちがうらやましい。私がもし若かったら、必ず何か始めていたはずだ。

社会が変わるなら、自分もそれに合わせて変わっていく。当然のことだ。変わることを恐れてはいけない。人間のＤＮＡは変えられないが、企業のＤＮＡはリーダー次第で変えられる。時代に合わせて企業も姿形を変えていくべきだと思う。

よく誤解されるのだが、「変なホテル」というのは、奇妙なホテルという意味ではない。変わり続けるホテル、進化し続けるホテルという思いを込めて、そうネーミングした。同じ意味で、エイチ・アイ・エスは「変な会社」であるべきだし、私自身、「変な経営者」であるべきなのだ。

この本のタイトル『変な経営論』は編集部がつけてくれたものだが、そんな思いを込めている。

世界的に有名な大企業でも、時代の流れを読み違えれば淘汰《とうた》される厳しい時代だ。自動車の代名詞だったゼネラルモーターズも、写真フィルムの代名詞だったコダックも一度は経営破綻した。かつて世界を席巻した日本の電機メーカーだって、スマートフォンに押されて、勢いを失っている。

もはや盤石な企業など存在しない。社会の変化に合わせて、日本企業は、そして日本人の一人ひとりが、変わる勇気をもたないといけない。そうでなければ、この熾烈《しれつ》な競争に勝ち残れない。私の経験が少しでも読者の参考になれば幸いである。

目次

京ディズニーリゾートを抜く！／目標は瞬く間に達成された／500万人は受け入れられない／クルーズ船とカジノ／広大な私有地だからできること／立地や天候に左右されずに稼ぐ／芸術家が溢れる街／ローコストホテルの時代が来る／安くてもデザインは格好良く／お風呂のお湯が冷たい！

第5章　旅行業の未来

総合旅行会社は消えていく／それでも実店舗は必要だ／世界の需要を取り込む／海外支店の役割が変わる／アウトバウンドは厳しい／世界に出たから見えたことがある／海外旅行は視野を広げる／失敗を責めたことはない／挑戦しないことのほうが恐怖に／ビジネスの4割は勘／なぜモンゴルだったのか／一度も会社を休んだことがない／健康になる五つのポイント／人間の健康、会社の健康／リーダーをどうやって育てるか／運の良さが判断基準だ／新しい世界が見たい

大村湾に面したハウステンボス。アクセスの悪さをどう克服したのか

第1章　テーマパークで学んだこと

なんでこんな場所に建てたんだ

「なんで、こんな場所に建てたんだ？　絶対にテーマパークを建てちゃいけない場所じゃないか……」

正直言って、これがハウステンボスの第一印象だった。その思いは、いまも変わらないのだが。

ハウステンボスは１９９２年に開業したものの、一度も黒字になることがないいま、創業者の手を離れた。その後は日本興業銀行（現みずほ銀行）の支援のもと、何度も経営主体を変える。しかし、社長が何回変わろうが、経営は立て直せなかった。債務超過となり、２００３年に会社更生法を申請した。

そこで野村プリンシパル・ファイナンスが再建を行うことになった。私は親会社の野村ホールディングスとは付き合いがあったので、「旅行業のプロ」としてのアドバイスを求められ、当時、現地を訪れていたのである。

古いオランダの街並みはたしかに素晴らしかった。２２００億円もの巨費を投じただけあって、石畳やレンガにも、やっつけ仕事ではないこだわりがあった。本気度が

オランダよりオランダらしく街並みを再現した

伝わってきた。オランダには行ったことがあるが、向こうと違い、この街にはゴミ一つ落ちていない。「オランダよりオランダらしい」と感じた。
とはいえ、これだけ大規模な施設を維持・管理するために莫大《ばくだい》な経費がかかることは、瞬時にして理解できる。経営はバランスである。ここまで経費が大きいと、収支のバランスが崩れてしまう。再建は一筋縄ではいかないだろうと予想したし、野村にもそのような感想を伝えたと思う。
この時点では、5年後に私のもとへ再建の依頼が来るなど、夢にも思っていない。

最悪のロケーション

もちろん、どんなに投資額が大きかろうが、それを回収できる条件が整っているなら、問題はない。１９８３年に開園した東京ディズニーランドの初期投資額は、ハウステンボスと同規模の１８００億円。しかし、彼らにはそれを回収する条件が整っていた。ロケーションの良さである。

首都圏には３０００万人のマーケットがある。しかも、東京駅から20分弱という至便の地にある。だから東京ディズニーリゾートにはたくさんの人が集まる。入場者が多ければ、巨大な投資も早期に回収できる。

一方、ハウステンボスのロケーションは最悪だ。長崎県の人口は１４０万人。マーケットの規模は、東京ディズニーリゾートの20分の１しかないのだ。

それでもハウステンボスの交通アクセスが良ければ、まだなんとかなるだろう。ところが、身近な大都市である福岡からは、特急電車でも2時間弱かかるのだ。長崎県内からだって近いとはいえない。長崎市からは快速で１時間半。最寄りの佐世保市中心部からだって車で30分はかかる。

東京や大阪から訪れようと思うと、さらに大変なことになる。羽田空港から長崎空港までは１時間半。さらに長崎空港からハウステンボスまでは、船でも自動車でも１時間近くはかかる。ここまで不便だと、どう考えてもリピーターにはならない。記念に一回行くことはあっても、二度と行かないだろう。

東京ディズニーランドとはライバルになりようがないのに、彼らを上回る設備投資をするなんて、ちょっと常軌を逸している。

エレクトリカルパレードは東京ディズニーランド名物だが、同じことをハウステンボスでやろうとすると、採算がとれない。同じだけのお金をかけても、入場者数が圧倒的に少ないからである（私が手がけてからハウステンボスの入場者数は倍以上に増えたが、それでも、まだ東京ディズニーリゾートの10分の1だ）。マーケットが小さいというのは、そういうことなのだ。

同じアトラクションを建設しても、同じ商品を開発しても、同じ宣伝を打っても、マーケットが小さいと、投資の回収に何倍も時間がかかる。当然、打つ手が限られてくる。小さいマーケットでは「弱者の闘い方」をするしかない。にもかかわらず、200億円もの資金を投入して、強者とがっぷり四つに組もうとしていたわけだ。

しかも、（これはのちに知ったことだが）佐世保は雨が多い。『長崎は今日も雨だった』という歌は知っているが、事実だったとは……。どのテーマパークもそうだが、雨の日は入場者が激減する。雨は大敵なのだ。

テーマパークは立地が命である。立地しかないといってもいいぐらいだ。どんなに立派な施設でも、ロケーションが悪ければ闘いようがない。そう考えるとハウステンボスは、絶対にテーマパークを建ててはいけない場所に建ててしまった。しかも、身の丈に合わない過剰投資をやっていた。

こんな悪条件では、誰が経営しても、なかなか黒字化は難しい。

まさか自分のところに……

野村はさらに300億円の資金をつぎ込んだが、収支は改善せず、リストラ策を打ち出した。それでも、一度も黒字化しなかった。2008年のリーマンショックと円高の影響で外国人客が激減したこともあり、結局、2010年3月をもって経営から手を引くことを決めた。予想通りの展開だった。

ところが、今度は私のところに再建の依頼がきたのである。こちらは、まったく予想外だった。

私は大阪出身だし、ずっと東京で仕事をしてきた。九州との縁は薄い。ただ、2005年から九州産業交通グループの再建に参加していた。九州の観光を盛り上げるためである。ここで九州の政財界との付き合いが生まれたので、その流れで私にお鉢が回ってきたのだろう。

最初の依頼を受けたのは２００９年11月。朝長《ともなが》則男・佐世保市長が訪ねてこられたのだが、もちろん検討の余地もなかった。18年間、一度も黒字になったことがないのは偶然ではない。そうなって当然の理由があるのだ。私も一部上場企業の会長である以上、株主に対して無責任な行動はとれない。

ところが、朝長市長のお願いは続いた。先方としては当然である。このまま新しいスポンサーが見つからず、野村が手を引く２０１０年３月を迎えたら、ハウステンボスは破綻処理するしかない。そうなれば地元経済にはかりしれないダメージを与える。ハウステンボスは九州観光の柱の一つであり、私としても潰《つぶ》したくはないが、これればっかりはどうしようもない。断り続けた。

２０１０年２月。残された時間が１ヵ月しかないタイミングで、朝長市長から３度目の訪問を受けた。早朝のエイチ・アイ・エス本社にアポなしで現れたのだから、こちらも驚いた。三顧の礼という言葉があるが、ここまで熱心に口説かれては、心情として「なんとかしてあげたい」という気にはなる。

とはいえ、専門家の査定チームを作って調べても、ネガティブな要素しかなかった。老朽化した施設の修繕費に何百億円もかかるようでは、手を出しようもない。エイチ・アイ・エス社内は反対一色だったが、判断は会長の私と社長に一任してもらうことになった。

借金をゼロにしてからの社長就任

私も悩みに悩んだのだが、最終的に決断したのは、関係者との交渉で財務面の問題が取り除かれたからだ。

当時、ハウステンボスには62億円の債務があったが、野村と銀行団はこのうち52億円の債務放棄に応じてくれた。残る10億円については、九州財界5社（九州電力、九州旅客鉄道、西部ガス、九電工、西日本鉄道）から新たに出してもらった出資金で一括弁済した。私が社長に就任するまでに借金をゼロにできたわけである。

佐世保市も支援を申し出てくれた。ハウステンボスの固定資産税に相当する金額を、再生支援交付金として10年間、受け取れることになった。ハウステンボスの敷地は152万平方メートルと、東京ドーム33個ぶんもの広大さだ。しかも、すさまじくお金のかかった上物が建っている。固定資産税は年間7億円以上にもなるから、この負担から逃れられたことも大きかった。

ずいぶんと駆け引きをしたように思われるかもしれないが、私も上場企業のトップだ。エイチ・アイ・エスに致命的損失は与えないという条件がなければ、株主や社内の理解を得られない。実際、これだけ条件が揃《そろ》っても、世間的には「エイチ・アイ・エスはバカな選択をした」という評価が圧倒的だったのだ。

ただ、債務が消えてしまえば、単年度で黒字を出しているかぎり、会社が倒産することはない。老朽施設の修繕費だって、やりくり次第で捻出《ねんしゅつ》できるはずだ。もちろん、立地の問題など、根本的なネガティブ要因は何も解決していないのだが、少なくとも重荷をおろしてスタートラインには立てた。あとは頭の使いようだろうと思った。

素人だからできることがある

新生ハウステンボスのオープンは2010年4月。その4月から、私は社長として現地に乗り込んだ。

久々のプレイングマネジャーだ。引退後に農業でもしようと軽井沢に土地を買ったばかりだったので、妻には反対された。でも、企業家としての血が騒いだ。難しい案件であるほど燃えるのだ。自分の手で再生を成し遂げたかった。

私にとってテーマパークは初めての仕事である。不安がなかったといえば嘘《うそ》になる。だから朝長市長には「3年やってダメなら手を引かせてください」とお願いして、呑《の》んでもらっていた。

私は何事も3年を基準に考える。3年あれば、何らかの成果は出てくるものだし、成果が出ないようなら、それ以上やっても無駄。潔く諦めるべきなのだ。ハウステンボスを再建できるかどうかも、3年あれば見えてくると思った。

とはいえ、自信がないわけでもなかった。もともと楽観的に考えるたちで、運は強いほうだと思う。それに何より、「素人だからできることがある」「素人ならではの強みがある」が持論だからだ。

思えば、1980年にインターナショナルツアーズ（1990年にエイチ・アイ・エスへ社名変更）を立ち上げたとき、私は旅行業界の素人だった。1996年にスカイマークエアラインズ（現スカイマーク）を立ち上げたとき、私は航空業界の素人だった。1999年に協立証券（現澤田ホールディングス）の再建を頼まれたとき、私は証券業界の素人だった。でも、なんとかやってきた。

むしろ素人だからこそ、その業界の「常識」と消費者ニーズのズレを突けたのである。行政や航空業界と激しくやり合い、それなりの経験値をもってしまった現在、「もう一度スカイマークのような格安航空会社を立ち上げろ」と言われたら、断るだろう。何も知らないことが武器になることもある。

だから、テーマパークでもなんとかなるだろうと予想していた。テーマパークの素人だからこそ、できることが存在すると。

価格破壊が通用しない

ところが、現実は甘くなかった。最初のうちは戸惑うことばかりだった。いままでの手法がまったく通用しないのだ。

私の十八番は「価格破壊」である。インターナショナルツアーズでは日本に格安航空券を紹介し、旅行業界に新しいマーケットを創生した。スカイマークでは他社の半額の運賃を設定し、横並びの価格設定に一石を投じた。協立証券はエイチ・エス証券と名を変えたが、業界最安値水準の手数料で話題を呼んだ。

テーマパークだって入場料を下げれば、お客様は喜ぶはずだ。そう確信していた。値下げが根本的な解決策にはならないにせよ、とりあえず対症療法として入場者数を増やさなければ、新規投資もおぼつかない。入場者が増えれば、時間は稼げるはずだ。そこで入場料を下げたのである。

大人3200円の入場料は割高感があると考え、2500円へ2割下げた。しかし、お客様は増えなかった。夕方以降の入場料にいたっては、大人3000円を2000円に、1500円に、1000円にと徐々に下げていき、最後には無料にしてしまった。ところが、それでもお客様はまったく増えなかった。

いったい、これはどういうことなのだ？ 私にはまったく理解不可能な現象だった。しばらくたって、ようやく私は気がついた。テーマパークは「安ければいい」という世界ではないのだということを。ハウステンボスは「タダでも行く気がしない」場所だったわけである。

実際、イベントやアトラクションのテコ入れを始めて以降、お客様はどんどん増えた。その過程で入場料を値上げしても、逆にお客様は増えた。

私が再建を引き受けたあと、ハウステンボスは毎年、入場料を値上げしているが、

園内最高級のホテルヨーロッパ

入場者数は右肩上がりに増えている。お金をかけて新規投資できるようになり、そのクオリティに満足していただいているからだと思う。

園内にホテルヨーロッパという五ツ星ホテルがある。私が再建を引き受けたときは1泊1万円だったのに、いまや1泊4万～5万円もする。ピーク時なら6万～7万円だ。それでも文句が出ることもなく、むしろ昔より稼働率が高い。それはサービスの質を向上させたり、クラシックのコンサートや仮面舞踏会のようなイベントを定期的に開催するなど、値段に見合うクオリティに引き上げたからである。

五ツ星ホテルを選ぶぐらいのお客様だから、値段の安さは求めない。彼らが求めているのは、最高のサービスのほうなのだ。

テーマパークで求められるのは安さではなく、満足度のほうだ——。ひょっとすると当然の話なのかもしれないが、私にとっては衝撃的な発見だった。

向こうはタダじゃないですか

やるべきことはわかった。ハウステンボスを「タダでも行きたくない場所」から、「お金を払ってでも行きたい場所」に変えればいいのだ。

面白い場所に変えるのにお金がかかり、入場料が上がったとしても、お客様はそちらのほうが満足される。

では、何がわれわれの売りになるのだろう？　もちろん、開業当初は「本物と見まがうオランダの街並み」がハウステンボスの魅力だった。ハウステンボスとはオランダ語で「森の家」という意味。当時の日本人にとってオランダは一生に一度も訪れない国だったから、そのコンセプトで人が呼べた。

しかし、時代は変わった。これはエイチ・アイ・エスのせいでもあるのだが、航空券の値段が下がり、いまや10万円も出せば本場オランダに行けてしまう。円が強くなって、海外旅行も身近になった。「日本にいながらオランダが味わえる」というコンセプトそのものが陳腐化してしまったのだ。

求められるのは「脱オランダ化」だった。そこで、オランダにこだわらず、さまざまなイベントを仕掛けていこうという話になった。新しいアトラクション施設を作るのは先の話で、まずはお金のかからないイベントで入場者を増やす必要があった。

当初は失敗の連続だった。私の発案で大失敗したのが陶器市だ。

長崎県佐世保市の隣町は、佐賀県有田町。有田の陶器市は有名で、1週間の開催期間中に100万人もの人が集まる巨大イベントだった。ハウステンボスでも陶器市をやれば、人が集まるのではないか？

たしかに同じ規模の陶器市をやるのは難しい。でも、有田の陶器市の2割、20万人でも来てくれたら大成功だと考えた。なにしろ当時のハウステンボスは年間140万人の入場者数しかなかったのだから。

ところが、やってみると、まったくお客様が来ない。先方は有田の全店舗をあげてのお祭りだし、歴史もある。やっぱり本物には勝てないのだろうか？　そう考えていると、社員の一人がこう言った。

「向こうはタダじゃないですか。うちの冴《さ》えない陶器市に、入場料を払ってまで来る人がいるんですかねえ……」

「なんで、始める前に言ってくれないんだ!」

もうグウの音《ね》も出なかった。まったくその通り。恥ずかしながら、そんなことすら理解していなかった。素人の悪い面が出たのだった。

オンリーワンかナンバーワン

似たような失敗を数多くやった。よその真似をしてハロウィーンパーティをやって、大失敗したこともあった。東京ディズニーリゾートや大阪のユニバーサル・スタジオ・ジャパンでは受けても、ハウステンボスでは成立しなかった。

でも、諦めるわけにいかない。ハウステンボスでは数々のチャレンジをしたが、実は、その7割は失敗に終わっている。しかし、残りの3割が大成功したから、黒字になった。ビジネスとはそういうものだ。失敗は必ずある。失敗するごとに泣き言を口にしているようでは、経営はできない。粛々と続けるのみだ。

私は成功者というのは、「成功するまで諦めなかった人」のことだと思っている。

もちろん、そのチャレンジが実現可能なものかどうかの見極めは不可欠だが、一度、可能だと信じたら、あとは成功するまで辛抱強く続ける。

9回まで失敗して、10回目で成功する人もいるだろう。それを待てる精神力があるかどうかだ。嬉《うれ》しいことに、10回目の成功確率は、1回目の成功確率よりはるかに高い。なぜなら、人間は失敗に学ぶからである。

このときも、われわれは失敗から学んだ。まずは値段じゃなく、コンテンツが勝負だということを学んだ。次に数々のイベントでの失敗を通して、「普通のイベントじゃダメなんだ」と学んだ。

どこでもやっているイベントを見るために、わざわざ日本の西の果てまで来るだろうか？ そんなことはあり得ない。全国から佐世保まで来ていただくには、「ここにしかないもの」が必要なのである。こうして徐々に目指すべき方向が見えてきた。

オンリーワンかナンバーワンのイベントしかやらない――。

オンリーワンというのは、東京ディズニーリゾートでもユニバーサル・スタジオ・ジャパンでもやっていないようなイベントのことだ。ハウステンボスにしかなければ、お客様はここで見るしかない。

ナンバーワンというのは、たとえよそでやっていたとしても、スケールで圧倒的に上回るイベントのことだ。ライバルがいるからには、日本一、東洋一、世界一でなければいけない。ほかの場所に似たようなものがあっても、日本最大はハウステンボスにしかないとなると、人は集まるだろう。

遊覧船とバラで自信をつける

最初に手応えを感じたのは、2011年4月に運航を開始した「ONE PIECE サウザンド・サニー号クルーズ」だった。

人気アニメ『ONE PIECE』に登場する船、サウザンド・サニー号を模した遊覧船で、世界のどこにも存在しなかった。まさにオンリーワンである。

200人乗りの本格的な遊覧船を、造船会社の協力を得て造り上げた。この遊覧船で大村湾をクルーズするのだが、大きな話題を呼び、3年もたたずに乗船者100万人を超える大ヒットになった。

ここでは旬の大切さも学んだ。当時行っていなかったアニメコンテンツを取り入れ、大ブームを迎えるタイミングでイベントを仕掛けることができた。人々が欲しがる直前にそれを用意すれば、大ヒットも可能なのだと学んだ。

アニメ『ONE PIECE』の人気にあやかり遊覧船サウザンド・サニー号を就航　©尾田栄一郎／集英社・フジテレビ・東映アニメーション

同時期にナンバーワンのほうでもヒットが生まれ、さらに自信を深めた。「１００万本のバラ」である。

ハウステンボスは開園当初から花に力を入れ、大きなスケールのバラ園があった。しかし、オランダ風に「ボタニカルガーデン」という地味な名前がついていて、ほとんど集客に寄与していなかった。手入れだけで何億円もかかるので、正直に言うと、経費削減のために撤退することも検討していた。しかし、４月に入ってバラが咲き始めたのを見て考えを改めた。なんとも感動的だった。

お客様もこれを見たら、絶対に感動すると確信した。要は、バラ園の存在を知らないだけなのだろう。「これはいける！」と直感した。

そこで、ミニバラをカーペットのように敷き詰めたり、建物とのコントラストを考えながらバラを配置したりと、感動的に見せる工夫をした。海外から有名なバラ鑑定士を招いて、「世界で3本の指に入るバラ園」とのお墨付きも得た。

ポイントは、「伝わりやすさ」だった。どんなに素晴らしいバラ園であっても、お客様が認識してくださらないと、何も始まらない。そこで、「100万本のバラ」というコピーを考えた。

「きれいなバラが咲いてるんですよ」と言われてもピンとこないが、「100万本もあるのはここだけですよ」と言われたら、「一度ぐらい体験してもいいかな」と思うものだ。そこで「日本一」を売りにしたのである。

実際、こんな巨大なバラ園は日本のどこにもない。ナンバーワンだから大ヒットした。この二つのヒットイベントのおかげで、入場者数は一気に3〜4割増した。

バラは1年にわずか2週間しか咲かない。年によって咲く日は微妙にズレるのだが、この時期になると必ず見にこられる女性客も多い。なかには翌年のホテル予約をしていく方もいる。アクセスの悪いハウステンボスの悩みはリピーターの少なさ。「100万本のバラ」イベントは、リピーターを増やすという副産物もあったのだ。

「100万本のバラ」イベントはリピーター続出

なお、ボタニカルガーデンという難しいエリア名は、アートガーデンに変えた。同様に、オランダ由来のエリア名を徐々に変えていった。ミュージアムスタッド地区はスリラーシティに、ユトレヒト地区はタワーシティに、ビネンスタッド地区はアムステルダムシティに、ニュースタッド地区はアトラクションタウンに、という具合だ。

どんな特徴をもったエリアなのか、お客様が直感的に理解できるようにした。

オランダを売りにしても人が呼べないことは18年間でわかったのだから、その部分のこだわりは捨てた。むしろエリアごとの違いを鮮明にし、お客様にそれがすぐ伝わる工夫をしたわけである。

九州一の花火をやれ

花火もそうだった。なんとも中途半端な「ワン・ノブ・ゼム」だった。スタッフに聞くと、ハウステンボスでは毎晩、花火を打ち上げているのだと胸を張る。期待しながら待っていると、ポーン、ポーンと打ち上げて、たった3分で終わってしまった。「え？　これで終わり？」と唖然《あぜん》とした。

もちろん毎日上げるとなると、そんなに数は打てないだろう。しかし、私がガッカリするぐらいだから、お金を払って入場されているお客様がガッカリしないはずがない。それ以来、「自分が感動しないものはやるな！」「自分が楽しいと感じないものはやるな！」と口癖のように繰り返すようになった。

花火大会は日本各地でやっているし、同じ花火師が全国を飛び回っているのだから、なかなかオンリーワンとはいかない。ならばナンバーワンだ。毎日の花火はやめさせ、九州で一番規模の大きな花火大会をやることになった。

2時間にわたって2万発の花火を打ち上げる。東京の隅田川花火大会と同レベルだが、これだけ大規模な花火大会はそれまで九州に存在しなかった。名付けて「九州一花火」。何事もわかりやすいのが一番だ。

大型の花火大会は年4回開催

２０１３年9月に開いた第1回九州一花火は、すさまじい人出だった。周辺の道路に大渋滞を巻き起こし、警察からはお叱りを受けた。ハウステンボスの収容人数は3万5０００人ぐらいが限界なのに、4万人を超えるお客様が押しかけ、入場できないお客様を大量に出してしまった。ここまでの混雑は予想できず、ご迷惑をおかけしてしまったのだが、それでも皆さん、満足していただけたようだ。

夏はよそでもやってるからという理由で秋に開催したのだが、これだけ好評なら、春でもいける、夏でもいける……と、結局、年4回やることになった。

ただ、同じことをやっていては飽きられるので、つねに新しい工夫を加えるようにしている。

夜空に開業25周年を祝う文字を描いた300機のドローン

２０１７年の花火大会では、３００機のドローンを飛ばした。３００機ものドローンが夜空に光のショーを繰り広げる。もちろん日本初だ。ドローンの飛行には規制も多いので、こんな規模のイベントができるのは、広大な私有地であるハウステンボスぐらいかもしれない。これはオンリーワンである。

冬場のほうが稼ぎ時になった

実は２０１０年中にも成功体験はあった。「光の王国」である。

ハウステンボスの経営が厳しいといっても、夏場はまだそれなりに稼いでいた。冬場にお客様が激減するため、そこで貯金を使い果たし、赤字になるのである。テーマパークの多くは、そういう構造になっている。

じゃあ、どうして冬場に人が来ないのか？　調査したところ、「暗くて寒いから」という声が多かった。ならば、逆に「明るく暖かく」してあげればいい。それで始まったのが、夜間のイルミネーションである。

「イルミネーションで人が呼べるのか？」と疑問をもつ人もいるだろうが、フランスのリヨンには「光の祭典」というライトアップイベントがあって、４日間で４００万人もの人を集める。当時のハウステンボスは１年で１４０万人しか集められないのに、先方は４日で４００万人である。これは園内の暗いムードを一変させるだけでなく、集客の柱になるかもしれない。

早速、リヨンへ視察に行くと、あまりの美しさに感動した。「うちでもやろう」と即決した。

実はビジネスにおいて、先行事例に学ぶことも非常に重要なのだ。もしすべてを自分で考え出そうとしていたら、10年かかったかもしれない。リヨンの光の祭典は２００１年から開催されている。リヨンからアイデアをもらうことで、われわれは10年の歳月を圧縮できた。

イルミネーションは人気日本一

もちろん、アイデアは拝借しても、ナンバーワンの部分は譲れない。700万球ものLEDライトで園内全体を照らし出した。「東洋一」の規模だ。

始めてみれば、大好評だった。その後もイルミネーションは進化させ続け、現在ではLEDライトを1300万球に増やし、「世界最大」と銘打っている。光の滝もあれば、光と噴水の運河クルーズもある。夜間でないと楽しめないイベントがどんどん増えていった。

2011年にはプロジェクションマッピングも始めた。建物の外壁に特殊な映像を投影し、あたかも建物自体が動いているような立体的な変化を楽しんでいただくショーだ。ヨーロッパで流行《はや》っていたものだが、日本で初めて取り入れるとあって、これも話題を呼んだ。

寒くて暗くて何もなかった冬の夜が変わった。全国のイルミネーションイベントの人気ランキングでも、つねに1位をとるようになった。すると、閑散期だったはずの12月が、一年のうちもっとも稼ぐ月になった。クリスマスや新年のカウントダウンなど、夜のほうが盛り上がるイベントも多いからだ。

当初、光の王国は11月末~1月で開催していたが、現在は11~5月にまで広げた。そしていまにいたるも、11~2月がもっとも稼いでいる。「夏に稼いで、冬に使ってしまう」構造は崩れ、二毛作が実現した。夏も稼ぎ、冬も稼ぐのだ。

夜のハウステンボスを楽しむ人が増えるということは、宿泊客も増えるということだ。もちろん翌日もハウステンボスで楽しんでいただくお客様もいるし、そうでない場合も、その日の夕食や翌日の朝食、宿泊費で、またお金を落としていただける。こうして客単価も徐々に上がっていった。

プールで涼しさを演出する

暗くて寒いなら、まずは素直に明るく暖かくすればいい。

ならば、夏はどうか？　暑くて湿気っぽくて、肌がベタベタして気持ち悪い。だか

長さ180mの巨大スライダーは収納も便利

らプールなのだ。

しかし、ハウステンボスには屋外プールがなかった。では、どうするか？ 常設のプールを作るとなると数億円もかかる。たった1ヵ月半しか使えないものに、そこまでのお金は出せない。

そこで、ゴム製の仮設プールを使うことにした。アメリカで見つけてきたものだが、これなら数千万円の投資で済む。ぶつかってもケガをしない「ふわふわプール」と名付けると、人気になった。

話題を呼んだのは、併設した長さ180メートルもの巨大スライダー（もちろん日本最長だ）。ナンバーワンだから、これを目当てに来るお客様も多かった。

このプールは7月はじめから9月はじめまで使ったあと、空気を抜いて倉庫にしまってしまう。夏のあいだだけ「水の王国」が出現するからいいのである。期間限定感があるから、「来年もまた来よう」と思う。これが常設の室内プールだったら、「いつでも行けるからいいや」となるはずだ。

それに、冬場、使われていないプールを見たら、どう感じるだろうか？「暗くて寒い」が増幅されるのではないか？　プールは夏の終わりとともに片づけて、その場所は別のイベントにあてるほうが賢明だ。

「べつにテーマパークにプールなんて要《い》らないじゃないか」という考え方もありうるだろう。しかし、夏のプールには、涼しさを演出する役割がある。お客様が「暑くて、肌がベタベタして気持ちが悪い」と感じているから、逆の演出をする。暗くて寒い冬に、明るくて暖かい光の王国をやるのと同じことだ。

こうした発想も、数々の失敗のなかで学んだものだった。

「いつでも見られる」の罠《わな》

毎晩の花火をやめさせた理由は、オンリーワン・ナンバーワンでなかったからだけではない。「いつでも見られる」という安心感があると、お客様が離れていってしまう。テーマパークには、期間限定感も重要なのだ。

いましか見られない。今日を逃すと、1年先まで見られない。そういう焦りがあるからこそ、お客様は重い腰を上げる。イベントを期間限定にして、そこへお客様を誘導する手法は、テーマパークでは絶対不可欠なのだ。

だから、光の王国は、どんなに人気を呼んでも、一年ずっとはやらない。

花も同じだ。「この時期でないとバラが咲いていない」と思うから、お客様はハウステンボスを訪れる。だから「花の王国」を作った。

私が行ったときは、園内では春先にチューリップが咲いて、それで終わりだった。チューリップしかないのはオランダにこだわっていたからなのだろう。でも、年中、いろんな花を咲かせることにした。「いましか見られない○○」を増やしたかったのである。

5月にチューリップが終わると、バラ。それが終わると梅雨時のアジサイ。7月はユリで、8月はヒマワリ……。冬もランを咲かせたりしている。

100万本のバラ祭の時期はライトアップもやるが、私は初めて、昼のバラより夜のバラのほうが美しいことを知った。枯れている部分は光を通さず、きれいな花の部分だけに光が通るので、より感動的なのだ。

実は、花はハウステンボスにとって大きな武器になっている。お客様が減るシーズンに集客してくれるからだ。

どのテーマパークでも、家族連れで賑《にぎ》わうのは、ゴールデンウィークや夏休みだ。それを過ぎて子供が学校へ通うようになると、平日は入場者数が極端に減ってしまう。

しかし、ハウステンボスの場合、ゴールデンウィークが終わったところで、バラ祭りをやる。夏休みが終わったところで、ガーデニング・ワールドカップをやる。世界中のトップガーデナーが造園の技を競う世界大会だ。

花に興味があるのは主にシニア層なので、学校が始まったシーズンの平日でも、問題なく来場してくださる。

ポイントは、その時期にしか見られない「目玉」を途切れさせないことだ。春でも夏でも秋でも冬でも、ここに来れば、何か新しい楽しみがある。楽しみが途切れなければ、お客様も途切れない。

こうして徐々にではあるが、一年を通して楽しいテーマパーク、昼でも夜でも楽しいテーマパークに変わっていった。

三つのマーケット

テーマパークの運営に慣れてくると、客層によって打つイベントを変えていく余裕も出てきた。

マーケットとしては三つあると考えている。ファミリーのマーケット、シニアのマーケット、若者のマーケットだ。

ハウステンボスは大人の滞在型リゾートとして設計されたため、かつては「子供を連れてきても遊ばせる場所がない」と言われたものだ。そこでアドベンチャーパークを作った。日本最大級の空中アスレチック「天空の城」や、巨大迷路で秘宝を探し出す「ザ・メイズ」など、子供が喜びそうなアトラクションを集中させたのだ。

2016年に作った「ロボットの王国」も子供に大人気。ロボットが調理する「変なレストラン」では、ロボットがお好み焼きを作る姿に歓声を上げている。

シニア向けには花のイベントのほかにも、クラシックのコンサートや、仮面舞踏会も開催している。「健康の館」も作った。

「追っかけ」も増えたハウステンボス歌劇団

何よりシニアに人気なのが、2013年に立ち上げたハウステンボス歌劇団だ。宝塚歌劇団はシニア層に人気があるので、ハウステンボスでもいけるのではと思ったのだが、熱狂的なファンがついた。1チームで始めたが、いまや4チームまで増えた。当初は宝塚やOSK日本歌劇団のOGに頼っていたものの、ハウステンボス歌劇学院も創設したので、生え抜きの劇団員が育ってきている。

私のハウステンボス再建では、基本的に古い建物を改修して使っている。新しい建造物は、「変なホテル」など、数えるほどしかない。しかし、ハウステンボス歌劇団のためには専用劇場ミューズホールを建てた。投資に見合う集客をしてくれるからだ。歌劇団はリピーターを増やしてくれる。台湾やロサンゼルスから毎月見にくる熱狂的ファンまでいるぐ

ナイトプールはすぐ真似された

らいなのである。
一方、若者に人気があるのはVR（仮想現実）のアトラクションや、3Dゲームなど。お化け屋敷を集めたスリラーシティでは、つねに叫び声が上がっている。18歳以上限定の「大人のラウンジプール」も作った。
特筆したいのはナイトプールだ。夜はプールに人が来なかった。暗くて怖いからである。ならば、明るく楽しくすればいい。イルミネーションを増やした。プールに大量のボールを浮かべて、そこにプロジェクションマッピングをやる。サイケデリックな赤や青の光がものすごくきれいで、瞬く間にお客様が増えた。日焼けしたくない女性たちの心もつかんだはずだ。
夏休みが終わってファミリーが来なくなった穴

を、シニアが埋めてくれると述べた。それと同様、小さなお子様連れのファミリーが帰ったあとの夜の時間帯を、若者が埋めてくれるのである。

だから、つねに客層を意識しながら、イベントを考えている。いまはファミリーが来る時期なのか、そうじゃないのか。メインのお客様がシニアなら、この季節にはどんなイベントが受けるのか。マーケットに合わせて企画を考えることで、一年中、お客様が絶えない状態にもっていった。ハウステンボスは全国のテーマパークのなかでも、シーズンによる入場者の増減が少ないほうだと思う。

独占的コンテンツがない！

こうして成功例を紹介してくると、ずいぶん順調に再建が進んだように見えるかもしれないが、実は「テーマパークのビジネスって面白いな」と思えるようになったのは、ここ2〜3年だ。最初の3〜4年は無我夢中というか、いくらヒット作が出ようが、まだ不安だった。必死に次のことを考えていくだけだった。

プロジェクションマッピングもナイトプールもそうだが、われわれが日本初をやっても、すぐに真似されてしまう。瞬く間にオンリーワンではなくなるのだ。

例えばナイトプールなら、うちが２０１６年に大阪城公園の特設プール「大阪城ウォーターパーク」でやったのが日本初だ。ところが、２０１７年の夏には全国どこもかしこもナイトプールだらけになってしまった。

一方、２０１６年のハウステンボスでは海上に仮設プールを作り、アスレチックで遊べるようにした。これなら、海のないところは真似できないだろうと。毎年毎年、新しいことを考えないといけない。気が抜けない。

たとえ大ヒットしても、内容が同じままだと飽きられる。一つのイベントの寿命は3年ぐらいではないだろうか。

現在、「花の王国」「光の王国」「ゲームの王国」「音楽とショーの王国」「健康と美の王国」「ロボットの王国」と、六つの王国があるが、２０１８年に七つ目の王国をオープンさせたら、そこで打ち止めにする。その後は7枠をたもったまま、人気のない王国を潰し、新しい王国を作るつもりだ。テーマパークに新陳代謝は欠かせない。

なんともせわしない話だが、進化しなければ、生き残れない。日々、新しいオンリーワンを探すしかない。私がなかなか「この仕事は楽しい！」という気持ちになれなかったのも、理解していただけるのではないか。

この点では、東京ディズニーリゾートやユニバーサル・スタジオ・ジャパンと、大きな違いがある。彼らのバックには映画コンテンツがある。独占的にオンリーワンでい続けられるのだ。

ディズニーであれば、ミッキーマウスのようなクラシカルなキャラクターで人が呼べるし、映画『アナと雪の女王』がヒットすれば、最新のキャラクターで集客することも可能だ。毎年毎年、コンテンツが絶えることはない。しかも、よそが勝手に真似することは絶対に許されない。

ユニバーサル・スタジオ・ジャパンも同様で、『ジュラシック・パーク』や『ハリー・ポッター』のようなヒット映画でアトラクションが作れる。『ミニオンズ』がヒットすれば、そのキャラクターが売りになる。

一方、ハウステンボスには何もない。われわれ自身でゼロからキラーコンテンツを生み出すしかない。しかも、独占的コンテンツではないので、翌年にはオンリーワンでなくなることも多い。

ディズニーリゾートやユニバーサル・スタジオはアメリカに本拠をかまえているから、向こうのテーマパークでヒットしたものを、日本に持って来ればいい。ノウハウも向こうで培える。これも大きな違いだ。

ハウステンボスは入場者数300万人でテーマパーク3位につけているが、東京ディズニーリゾート3000万人、ユニバーサル・スタジオ・ジャパン1400万人と比べたら、大きな開きがある。とはいえ、これだけ大きなハンディを抱えているわりには、健闘しているほうではないか。独占的コンテンツの差だけでなく、立地の差（これが最大の問題だ！）だってあるのだから。

成功するのがすべてアメリカ発のテーマパークでは、なんだか悔しい。日本発のテーマパークだってやれるんだと意地を見せたい。

売上を2割増やし、経費は2割削る

ありがたいことに、再建を引き受けた初年度から、ハウステンボスは黒字になった。その後も、ずっと増収増益を続けている（熊本地震の影響を受けた2016年度だけは減収減益だったが）。非常に順調に再建が進んだ。

佐世保市から固定資産税に相当する再生支援交付金をいただくのは10年間の計画だったが、2014年9月期限りとして、以降はいただかないことを申し出た。再建の段階は終わったことを私は宣言した。

売上高は毎年2〜3割ずつ伸びた。「オンリーワンかナンバーワンしかやらない」という戦略は、見事に数字に結びついたのだ。

私はよく言うのだが、売上を2割増やし、経費を2割減らせれば、どんなダメ企業でも黒字になる。「そんな単純な話じゃない」とお叱りを受けそうだが、これが簡単なようでいて、なかなか大変なことなのだ。

ここまでは売上を2割アップさせる工夫について紹介してきたが、ここで、経費の2割カットのほうにも触れておこう。売上アップと経費カットは車の両輪であって、どちらが欠けても業績改善が難しいからだ。

私がまず手をつけたのは、園内の3分の1を無料ゾーンにすることだった。ハウステンボスの敷地は広大で、その維持管理費は年間30億円を超えていた。

なにしろ東京ディズニーリゾートの1・5倍もの面積なのだ。1・5倍広ければ、1・5倍の維持管理費がかかる。要は、施設の大きさが、マーケットの大きさに合っていなかった。ならば、身の丈に合わせて狭くしてしまえ、という発想だ。

そこで、港を中心としたエリアを無料開放した。無料であれば、もし電灯が消えていたとしても、お客様から文句は出ない。そのぶん有料エリアに投資を集中できるから、むしろ喜ばれるはずだ。この決断で、光熱費は2割ほど減ることになった。

こうして時間を稼いでいるあいだに経営再建はなり、資金的余裕もできたので、現在は無料ゾーンの維持管理も再開している。ハーバーゾーンという名称にして、このエリアに入る場合は1000円いただいている。

経営は選択と集中だ。無料ゾーンに手をかけないぶん、有料ゾーンは必死で充実させないといけない。

シャッターを下ろしている店があれば、営業再開するよう求めた。無理だという場合は直営店に変えた。毎日、スタッフ全員で掃除をして、ゴミ一つ落ちていないようにした。電球が一つ切れていることすら許さなかった。

有料エリアのなかには、経費削減のために閉鎖されている場所もあった。お客様としては、お金を払って入場して、閉鎖した施設を見せられてはたまらない。

その中でもミュージアムスタッド地区は柵を設けて立入禁止になっていた。夜になると真っ暗闇でゴーストタウンの様相。気分が盛り下がるし、それ以前に怖い。ここで逆転の発想である。怖いなら、それを楽しんでもらえばいい。地区一帯をスリラ

経費削減から生まれたスリラー・ファンタジー・ミュージアム

ー・ファンタジー・ミュージアムというお化け屋敷街にしたら、人気になった。

その後、このエリアをスリラーシティと名付けて、お化け屋敷をさらに集中させた。いまやVRのお化け屋敷まであり、若者に人気のエリアになっている。

花の仕入れでコスト3割減

さて、経費の話に戻ろう。当時のハウステンボスはとにかく無駄が多かった。

例えば花の仕入れだけで年間3億円以上もかかっていた。業者を競わせることがないから、価格競争がない。チューリップはヨーロッパからの輸入が多いのだが、ユーロが大幅下落しているのに、以前とまったく同じ値段で買っていた。

当然、花のイベントをやれば、毎回、赤字になる。ところが、スタッフの誰も、この構造を不思議に感じていないのだ。経費に対する意識が低かった。

そこで、知り合いの生花販売業者を連れてきて、仕入れ値をチェックしてもらい、仕入れ先を替えた。花の調達や配置は、花好きな社員を抜擢《ばってき》してやらせることにした。こうして1億円のコストカットが実現した。やればできるのだ。

しかも、花の量は1・2倍に増え、見せ方も良くなったのである。担当社員のやる気も出たし、いいことずくめだった。

経費削減は花の仕入れにとどまらない。過去のしがらみにとらわれず、あらゆる仕入れを見直して、経費を削っていった。食材の仕入れもお土産の生産も器具の購入も、少しでも安くなるようにした。

社員たちにも、あらゆる経費の2割カットをお願いした。もちろん、どうしても経費が減らせない部署というのもある。その場合は、これまでの1・2倍のスピードで動くことを求めた。経費を減らせないなら、生産性を2割上げようと考えたのだ。

嘘でも笑顔でやってくれ

初めてハウステンボスのスタッフたちの前に立ったとき、すごく気になったのは元気のなさだった。なんとも表情が暗かった。

無理もなかった。18年間、一度も黒字になったことがないということは、ここにいる全員が、負け戦の経験しかないのだ。2003年には会社更生法の申請も経験し、ボーナスも10年ほど出ていない状況だった。給料は下がることはあっても、上がることはない。これでどうやって元気になれというのか。

しかし、テーマパークはお客様を楽しませて笑顔にさせる仕事だ。これではいけない。そこで「嘘でもいいから明るく元気にやってくれ」と言い続けた。

創業者が身を退いたあと、何人もの経営者が外からやってきては、立て直せずに去っていった。それを見てきただけに、私に対しても「どうせ今回のやつも最後は逃げ出すんだろう」と思っていることが、表情から感じ取れた。

負け癖がついて、「何をやっても無駄だ」という諦めムードが漂っていた。スタッフの意識改革が急務だった。

こうなると、結果を出すしかない。結果さえ出れば、彼らも「新しい社長の言ってることは、ひょっとしたら正しいんじゃないか？」と思うようになる。そこで1年がたった頃、黒字化のご褒美にボーナスを出した。2003年以降に入った社員にとっては、生まれて初めてのボーナスだ。再建途中ということもあって少額だったが、少しは変化を実感してもらえたのではないか。

もちろん、ボーナスが出たからといって、翌日から社員の態度が一変するほど現実は甘くない。人間はそう簡単に変わらない。とはいえ、頑張ればボーナスが出るという事実が大切なのだ。その事実がジワジワと人を変えていく。自信を失っている社員たちには、結果を見せるのが一番いい。

信賞必罰を徹底する

一般論として、潰れそうな会社は、優秀な人から逃げ出していく。外でも通用する人は、傾いた会社にしがみつく必要はないからだ。

つまり、創業以来、赤字を続けてきたハウステンボスには、2種類の人が残っていることになる。一つは、給料や待遇が悪くても、この仕事が楽しくて仕方がない人。ハウステンボスを愛してやまない人だ。もう一つは、ほかに行くあてのない人である。前者は私の呼びかけにビビッドに反応してくれるが、後者の意識を変えるのは難しい。

何をやっても無駄だという意識を取り去るために、信賞必罰をはっきりさせた。頑張って成果を出した人は認めて、褒美をあげる。若手でも結果を出した人は抜擢する。一方、年配社員のなかにはなかなか意識を変えられない人もいて、何度言っても聞いてもらえない場合は、遠慮なく担当を外した。

ハウステンボス社員の当時の平均年齢は40歳程度と、エイチ・アイ・エスよりずっと高かった。歳をとるほど柔軟性は失われるから、これまでの発想・行動をなかなか変えられないのだろう。とはいえ、ビジネスである以上、そういう人に責任あるポジションは任せられない。そこは厳しくいく。

変わるチャンスは与えるが、それでも変われない人は外す。厳しいようだが、競争を勝ち抜くために甘えは許されない。

ちなみに、私はリストラをいっさいしていない。ハウステンボスは地元の雇用に大きな役割を果たしているからだ。むしろ徐々に人を増やした。野村時代に1000人ぐらいまで減ったスタッフは、現在、1500〜1600人になっている。

このうち3割ぐらいが正社員で、残りは契約社員とアルバイトだ。東京ディズニーリゾートの正社員比率は1割しかないので、その3倍も高いわけだが、これでも徐々に正社員率は下がってきている。

もちろん、正社員が多いからこその強みもあるはずだ。アルバイトより意識が高いはずなのだから。いつかこの強みが生かされる日もあると思う。

人の意識を変えるというのは、言葉で言う以上に難しい。でも、私はこの仕事の意義を説き続けた。

テーマパークは人を笑顔にさせる素晴らしい仕事だ。世のため人のためになるし、佐世保市や長崎県、ひいては九州全体の観光に貢献している——。

そんな抽象的な言葉で人が変わるのか、と思われるかもしれない。でも、迂遠《うえん》なようで、実はものすごく大切なことだと考えている。自分の仕事が社会のなかでどんな役割を果たしているか。それを理解することで、仕事に対する誇りが生まれ、やる気につながっていくのである。実際、彼らは少しずつ変わり始めた。

会議なんて必要ない

昔からいる社員に聞くと、かつてのハウステンボスでは会議が非常に多かったという。イベントを一つ提案するのに100ページもの企画書を作ったと聞いて、驚いた。せっかくのアイデアも途中で潰されてしまうだろうし、やる気をなくしてしまう人も多かったのではないだろうか。

私は会議なんて無駄なものはやらない。担当者とその上司と私の3人で立ち話して、その場で即決してしまうことも多い。ビジネスにはスピードが不可欠だからだ。会議で時間を無駄にしているあいだに、チャンスは遠くに去ってしまう。

早く始めれば、それだけ早く結果がわかる。決断の前提になった仮説が間違っていた場合も、早く気付いて修正することができる。何事も早いほうがいいのだ。このわずかな時間のズレが、他社との競争のなかでは大きな差となって表れるのだから。リーダーには決裁を早くする義務があると思う。

だから私は企画書もA4の紙1~2枚で十分だと言っている。

ただし、企画の内容だけでなく、予算と期限は必ず書かせる。どんなに面白い企画でも、100億円もかかるようでは進めようがない。どんなに面白い企画でも、実現に5年かかるようでは遅すぎる。ゴールを設定しなければ、走り出すことはできない。要は、夢物語でなく、現実的な企画を考えろということだ。

アイデアが採用してもらえるとなると、社員にもやる気が出てくる。徐々にではあるが、面白い企画も上がってくるようになった。巨大スライダーもアドベンチャーパークも、私でなく社員が提案してきた企画だ。どちらも話題になって、ハウステンボスの集客に大きく貢献した。

面白いところでは、ハッピーレインという企画がある。梅雨時はどこのテーマパークも入場者が減る。「何か対応策を考えろ」という私の指示に、雨の日はポンチョをタダで配ることを思いついた社員がいた。ペラペラの安物ではなく、通常は１５００円で販売している立派なポンチョだから話題になった（経費がかなり増えたので、現在はタダではなく、１００円いただいている）。

ハウステンボス歌劇団でも、雨の日には特別なプログラムをやるようにした。このハッピーレインの影響で、入場者は１割ほど増えた。

私はつねづね「失敗したってかまわない」と繰り返している。新しいものは失敗からしか生まれない。なぜ失敗したのか分析して、またやり直せばいいだけの話だ。前向きな挑戦であるかぎり、失敗そのものを責めることはない。失敗を恐れて行動しようとしない文化が、成功体験の少なさにつながり、それが自信のなさにつながる。悪循環は断ち切るべきなのだ。

失敗を恐れない雰囲気を作り出すことも、経営者の大きな仕事の一つだと思う。

「社長は本気だ」と思わせる

いまでこそ東京7割・佐世保3割の生活になったが、再生に取り組んだ当初は7割近く佐世保にいた。園内のホテルヨーロッパに泊まり、毎日、現場を見回った。

テーマパークの門外漢が現場で学ぶのは当然のことだが、スタッフたちに「本気で変えるんだ」という意気込みを見せる必要もあった。それまでトップが現場を回ることはあまりなかったそうだが、それでは掛け声倒れに終わってしまう。だから、「私は最後の最後まで闘うぞ」と知らしめたわけだ。

あまりに敷地が広いため、毎日すべてを見るわけにはいかないが、どこかエリアを決めて、必ず回った。

すると、あるわあるわ。改善すべき問題が山ほど見つかるのだった。お花畑の一部が枯れていたり、建物の目地が崩れていたり、バックヤードの掃除が行き届いていなかったり、電球が切れていたり……。

電動自動車で園内を駆け回ると必ず改善点が見つかる

もちろん、サービスについても注文をつける。料理が出てくるのが遅い、店員の動きが悪い、味がおいしくない……。レストランのメニューでも、「当店の人気ベスト3」が紹介されていれば、お客様の参考になる。「この料理にはこの飲み物がオススメ」と書いてあると、ドリンクの売上だって上がる。ちょっとした工夫が欲しい。

あまりに細かくチェックするので、スタッフには嫌がられたかもしれない。でも、「今度の社長は本気だ」ということは伝わったはずだ。

3・5点ならやめてしまえ！

こうして現場を回るのは、お客様目線でハウステンボスをチェックするためだが、もちろんお客様自身からもご意見を伺う。イベントでもアトラクションでもお店でも、必ずアンケートをとるようにしている。

5点満点で4・5点以上なら問題はない。そのまま続けても、お客様自身が「素晴らしかった」と宣伝してくださる。しかし、3・5〜4点なら改良が必要だし、3・5以下ならやめさせてしまう。お客様の満足度が最優先なのだ。

方針がはっきりしていれば、どのイベントを続けて、どのイベントを終了するか、誰にも一目瞭然になる。スタッフもその数字を見れば納得するし、彼ら自身、どこを改良すべきか先回りして考えるようになる。

お客様の評価がもっとも低いのがサービス面だ。レストランとショップを合わせると50もの店があるのだから、なかには笑顔の出ない店員もいるだろう。たった一人であっても、それがお客様には悪印象を与えてしまう。徹底するのは難しいことだが、一人ひとりの意識を変えていくしかない。

ちなみに、バハムートディスコという人気アトラクションがある。ゴーグルなしでプレイできる世界初のVRダンスゲームだ。450度の視界に広がる映像空間に、スクウェア・エニックスのRPG『ファイナルファンタジー』シリーズでお馴染《なじ》みのバ

バハムートディスコは世界初のＶＲダンスゲーム

ハムートも登場する。私もやったが、圧巻の映像美である。

２０１７年7月にオープンしたばかりだから、いまだ長蛇の列だ。お客様からの評判も上々で、アンケートでは、なんと4・77点をつけている。出だしからこれだから、もう大成功といっていい。

でも、そんな大成功アトラクションでも、視察すれば、気になることが見つかる。プレイ中のお客様を写した写真を販売しているのだが、売っているということが伝わっていなかった。高得点者のベスト3を掲示すれば、もっと盛り上がるのに、やっていなかった。1時間待ちの人気は結構だが、お客様の満足度を上げるためには、もっと待ち時間が短くなるよう手を打つべきだ（これは私自身の反省だ）。

いま4・77点でも、これを4・8点に、そして4・9点に上げたい。その思いがあるので、毎回、細かい注文をつけてしまう。だから嫌われるのだ。

いまだ及第点はつけられない

東京ディズニーリゾートは教育システムが整備されており、アルバイトであっても意識が高い。ハウステンボスとは天と地の差があると認めざるをえない。

もちろん、ハウステンボスにだって意識の高いスタッフはいる。全員にそれを徹底できないのが問題なのだ。できるスタッフとできないスタッフのムラが、東京ディズニーリゾートより大きい。

スタッフたちの意識の変化は感じている。少しずつ対応が早くなってきた。私が問題を指摘すると、翌日には改善されている。朝に指摘すると、午後には改善されている。そんなケースも増えてきた。でも、まだまだ遅い。そもそも私に指摘される前に、自分で見つけて改善すべきなのだ。

現在のハウステンボスを採点すると、100点満点の58点。及第点の60点には少し足りない。ハウステンボスに来て最初に採点したときは40点台だったので、だいぶ良くなってきているのだが、正直、まだまだ満足できない。

私が視察したときに、イルミネーションのLEDライトが1個切れている、お店にゴミが落ちている、柵が錆《さ》びている……。そうした発見が三つあれば点数は上げない。スタッフにはそう言ってあるので、彼らも58点という評価に納得している。

まあ、あれだけ広大な敷地で、一つもライトが切れないようにするのは至難の業だ。それは理解している。しかし、その一つのライトのせいで、お客様が悪印象をもってしまうことだってあるのだから、自分に厳しくなってほしい。

私は以前から「70点をつけられるようになったら、もうここにいる必要はない」と言っている。若い人たちにすべて任せても大丈夫だと。実際、若い人たちに任せても、ヒットするイベントが出てくるようになった。数年もしたら、ほとんど行かなくていいようになることを期待している。

第2章　観光ビジネス都市への道

ラグーナテンボスはさらに難しい

どういうイベントを打てば人が呼べるのか、かなりコツがつかめてきた2013年、新たな再生案件が持ち込まれた。愛知県のラグーナ蒲郡《がまごおり》だ。愛知県や蒲郡市に加え、トヨタ自動車やヤマハ発動機など民間9社が出資した第3セクターが運営する複合リゾート施設。バブル時代に構想されたリゾートの例に漏れず、経営不振にあえいでいた。トヨタによる増資でいったんはピンチを切り抜けたが、2012年末の時点で80億円近い債務超過に陥っていた。

1年間ぐらいは断り続けた。どう考えても、ハウステンボス以上に難しい再生案件だったからだ。

テーマパークは1に立地、2に立地、3、4がなくて5に立地だと述べた。ラグーナ蒲郡もハウステンボス同様、立地に恵まれていなかった。なにしろ名古屋から電車で1時間かかるのだ。

しかも、ハウステンボスと違って、近所に強力なライバルがいた。名古屋から車なら30分という至便の地に、ナガシマスパーランドがあるのだ。向こうのほうが施設は立派ときているから、勝ち目はない。

それでもハウステンボスぐらい規模が大きければ、手の打ちようはある。敷地が広大ならナンバーワンのイベントも規模が大きくなる。収容人員が大きいということは、もし満員にできれば、それだけ売上も大きくなる。

ところが、ラグーナ蒲郡の敷地は、ハウステンボスの5分の1しかない。最大に集客しても5分の1しかないわけだ。人が集まらなければお金は落ちず、お金が落ちなければ新規投資もできない。中途半端な施設で、魅力を感じなかった。

だが、結局、今回も先方の熱意に押される形で、引き受けることになった。2014年8月から、このリゾートはラグーナテンボスと名前を変えた。

ハウステンボスの方法論を持ち込む

もちろん、まったく勝算がなければ引き受けない。ハウステンボスのように大きく儲けることは無理でも、黒字化は可能だと思っていた。

ラグーナ蒲郡の名物で、もっとも人気があったのがプール。8月はそこそこ利益を出していたのだ。ところが、冬場に人が来ない。夏に稼いだものを冬に吐き出して、

ラグーナテンボスの名物プール

結局は通年赤字になる。何かを思い出さないだろうか？　そう。かつてのハウステンボスと同じ構造だったのだ。

ならば、ハウステンボスの方法論を持ち込めばいい。冬場も稼ぐ工夫をして、二毛作に変えるのだ。そこでイルミネーションやプロジェクションマッピングを始めた。いまやイルミネーションはどこもやっていて、少し時代遅れの感があるが、２０１４年当時は十分、キラーコンテンツになったのだ。

その結果、初年度から入場者は１・５倍に増え、黒字化に成功した。いまにいたるも黒字基調は続いている。

ハウステンボスで成功したイベントやアトラクションは、ラグーナテンボスでも集客の武器

恐竜ロボットが出迎える「変なホテル」3号店

になった。ナイトプールに若者が押しかけたし、ハウステンボス歌劇団の出張公演にもシニアが集まった。サウザンド・サニー号を佐世保から蒲郡にもってきたのだが、これも子供たちに人気だ。

2017年8月には、「変なホテル」の3号店を園内にオープンさせた。どんどんハウステンボスの姉妹店化している観がある。オランダが関係ないのにラグーナ「テンボス」と名付けたのは、テンボス・ファミリーと意識してほしいからだ。

難しいと心配していたわりには、あっさり経営の立て直しに成功した。やはり2度目というのが大きいだろう。ハウステンボスでは試行錯誤の連続だったが、ここでは向こうの成功例を参考にできる。

よく「どうして難しい案件ばかり手がけるのですか？」と質問される。理由は二つあると思う。

一つ目は、誰もが買収したいと願うような簡単な案件は、そもそもうちに持ち込まれないということ。こちらからアプローチしないといけないし、したとしても値段の高いM&Aになる。持ち込まれるとしたら、難しい案件しかないのだ。

二つ目は、難しいからこそ挑戦したいということ。「誰も成功してないよ」と聞くと、燃えてしまう。私は根っからのベンチャー気質なのだと思う。

いつか東京ディズニーリゾートを抜く！

ハウステンボスの方法論を持ち込むだけで、ラグーナテンボスは復活した。「もうテーマパーク再生のコツはつかんだのだから、本格的に再生ビジネスに乗り出せばどうか」と思われるかもしれない。

実際、全国各地のテーマパークから再生を頼まれている。テーマパークは東京ディズニーリゾートとユニバーサル・スタジオ・ジャパンの二人勝ち状態で、日本の施設はどこも青息吐息。1990年にオープンした北九州市のスペースワールドも、2017年をもって閉園する。中途半端なテーマパークは生き残れない時代なのだろう。

だから、第3の○○○テンボスが生まれる可能性はゼロではない。

ただ、個人的には、あまり再生には魅力を感じない。既存の施設をリニューアルするのは苦労が多すぎるからだ。どうせ苦労するのであれば、ゼロから立ち上げるほうが、自分のビジョンを実現できるぶん楽しく仕事ができる。

実は上海でハウステンボス2号店を作ってくれという依頼がきている。まだ正式に決まったわけではないが、どうせ苦労するのなら、ゼロから立ち上げるほうが楽しい。

上海には3000万〜4000万人の巨大マーケットがある。周辺まで合わせたら1億人だ。候補地は上海市から20〜30分とアクセスもいい。

ここでは立地とマーケットの悩みがないわけだ。この条件なら、東京ディズニーリゾートと互角に勝負できる。きっと「ハウステンボスでの苦労はいったい何だったんだ！」と思うはずである。

以前から私は「いつか東京ディズニーリゾートを抜こう！」と、ハウステンボスのスタッフに呼び掛けている。もちろん入場者を10倍に増やすのは至難の業。入場者数で抜くのは無理だろう。しかし、利益なら抜ける可能性がある。

うちはアメリカ発のテーマパークではないので、ロイヤリティを払う必要がない。しかも、あとで説明するが、テーマパーク以外の部分でも稼げる会社に変わろうとしている。利益を増やす点では、先方より有利なのだ。

もちろん、現時点で先方の経常利益は１０１０億円、こちらの経常利益は１００億円。10倍以上の差があるので、夢物語だと笑われても仕方がない。しかし、入場者数を10倍にするより、利益を10倍にするほうが、実ははるかにやさしい。それを実現するのが経営の力だと思う。私は非現実的な夢だとは考えていない。

夢を描かないかぎり、夢はかなわない。「大リーグで活躍したい」と思った野球少年だけが、大リーグで活躍できるのだ。夢が存在しないかぎり、具現化するも何もない。たとえ大きな夢であっても、「いつか東京ディズニーリゾートを抜くんだ！」という気持ちをスタッフたちにもたせる。それだって私の仕事なのだ。

目標は瞬く間に達成された

さて、ハウステンボスの話に戻ろう。

ハウステンボスの再建を引き受けたとき、三つぐらいの時期に分けて、入場者数の目標を設定していた。

まず第1期は入場者150万人。私が行く前は140万人程度だったので、わずかしか増えていない。しかし、徹底的なコスト見直しによって、150万人でも利益が出る体質に変える。入場者を増やすことより、赤字体質を改善することでどん底を脱し、安定して黒字を出せる体質にする段階だ。

第2期は入場者250万人。この段階では魅力的なイベントやアトラクションをどんどん打ち出し、攻めに出る段階。入場者数をどんどん増やしていく。

第3期は入場者300万人。ハウステンボスは1996年に入場者のピーク380万人を記録している。それには及ばないものの、当時よりははるかに筋肉質になっているので、300万人でも大きな利益が出る。

ところが、予想した以上の速さで、この目標を達成してしまった。

ハウステンボスは9月決算なので、私が始めた2010年度は変則的に半年決算だったが、黒字になった。そして、第1期の目標は2011年度に、第2期の目標は2014年度に、第3期の目標は2015年度に達成することになった。しかも201

5年度は経常利益100億円達成というオマケ付きだった。
ここまできたら、よっぽど変なことをしないかぎり、再び赤字になることはない。再生の段階はすでに終わったといえるだろう。

500万人は受け入れられない

この勢いのまま入場者が増え続ければ、近く380万人の記録を上回るのは確実だろう。

では、その先はどうするのか？　400万人を突破して、500万人を目指すのか？　実はそれは難しいと考えている。インフラが整っていないからである。既存設備のままでは対応できないのだ。

第1回九州一花火のとき、周辺の道路に大渋滞を巻き起こしてしまった話はした。道路をもっと広くしないかぎり、これ以上の受け入れには限界がある。高速道路をハウステンボスまで延長することだって考えないといけない。

500万人の人が訪れるためには、フライトの便数がもっと増えないと無理だ。いまのままでは運べる乗客数に限界がある。上海空港から週2便しか飛んでいないようでは、お話にならない。

現状、九州からのお客様が5〜6割。以前よりは減ったとはいえ、まだまだ九州のお客様が中心といえる。東京や大阪からのお客様は2割強。外国人のお客様はまだ1割にも満たない。国・地域別では韓国と台湾がほとんどで、香港、中国、タイがそれに続く。近くに米軍基地があるので、アメリカ人のお客様も少なくない。

2016年、2017年と、大阪や東京に出店《でみせ》の形でウォーターパークをやったり、VRのイベントをやったりしている。大都市のお客様にハウステンボスを意識していただき、もっと来ていただくためだ。

特に2016年夏の大阪は日本初のナイトプールだったから、マスコミでも大きく取り上げていただいた。うちは宣伝に割ける予算が大きくないので、こうした場でアピールすることには大きな意味がある。

おかげで大阪や東京からのお客様は増えた。とはいえ、多少のレベルである。本格的に増えるには、やっぱりアクセスの問題を解決しないことには、どうにもならない。この本では冒頭からロケーションの問題を取り上げたが、この悩みだけは、いつまでたってもついて回るのである。

アクセスの改善については、ハウステンボスにできることに限りがあるため、行政や航空会社に期待するしかない。

クルーズ船とカジノ

ただ、行政側で大きな動きがあることはたしかだ。その動き次第では、ハウステンボスの入場者が爆発的に増えることもあり得る。

一つ目は、クルーズ船。国土交通省の「官民連携による国際旅客船拠点形成港湾」に佐世保が選ばれた。世界最大級のクルーズ運航会社「カーニバル・コーポレーション&PLC」と連携し、栈橋や国際旅客ターミナルビルを整備する。

カーニバル社はアジアでは上海を拠点にするクルーズ運航会社だが、この会社だけで年間300回、100万人もの人を佐世保に運ぶ計画だという。他社も合わせたら、毎日、佐世保港に大型のクルーズ船が入るわけだ。

佐世保近隣にハウステンボスほど大きな観光地はないので、100万人のうち何割かは遊びにきていただけるはずだ。そうなると、道路問題の解決も議題にのぼってくるのではないか。

二つ目は、話題のカジノ。これは国のレベルで決まる問題だけに、待つことしかできないのだが、長崎県と佐世保市は懸命に誘致活動を行っている。

世界のカジノを見ると、首都に置いている国はほとんどない。便利な場所にあれば足を運びやすいが、地方の不便な場所にあれば、ギャンブル依存症への抑制効果があるからだろう。ハウステンボスの「地の利」にはさんざん泣かされてきたが、ことカジノに限っては生かされるかもしれない。

ラスベガスもそうだが、カジノはギャンブルをするだけの場所ではない。さまざまなショーやエンターテインメントを提供する総合遊技場だ。だからこそ国はＩＲ（統合型リゾート）と呼ぶのだ。エンターテインメントのコンテンツが存在しないと、そこは単なる賭博《とばく》場になってしまう。

それを考えると、すでにエンターテインメント施設が整っていて、五つものホテルや会議場を構えるハウステンボスは、有力候補になると思う。新たに土地を手当てする必要はないし、投資額が抑えられる。国内で複数のＩＲが誕生した場合、そのあいだで競争も起きるから、初期投資額の多寡は重要なのだ。

ライバルは多いといえど、すでに準備が整っている候補地は少ない。何千億円も投資してゼロからＩＲを立ち上げるとなると、採算がとれなくなる可能性がある。中途半端なものを作ると、地方活性化どころか、地方経済はさらに疲弊してしまう。

ところで、カジノにはいくつか種類がある。現在はモナコのようなヨーロッパ調の格調あるものと、ラスベガスのようなアメリカ風の大型娯楽施設が主流だ。前者はアジアには存在しないが、ハウステンボスの場合、五ツ星ホテルのホテルヨーロッパに手を入れれば、すぐにでも実現できる。

後者はある意味、作り手を選ばないカジノといえるだろう。

どのようなカジノを選ぶにせよ、われわれには運営ノウハウがないので、実績のある海外のカジノ業者と組むのがいいだろう。

カジノが実現した場合、新しく佐世保空港を作るべきだと、私は考えている。地方空港といえば、過剰投資で大赤字というイメージしかないだろうが、そんな立派な施設は必要ない。乗客１００人ぐらいの小型機が発着できれば十分だ。小型機で東京や大阪とのあいだをピストン輸送すればいいのだから。もちろん、台湾、韓国、中国などへも直行便を出すべきだろう。

それはさておき、佐世保がカジノ誘致に成功すれば、ハウステンボスを悩ませ続けたアクセス問題は早急に解決されるだろう。逆に言えば、こうしたことがないかぎり、あの場所で500万人を受け入れるのは難しいということだ。

クルーズ船もカジノも2020年以降の話だ。その結果によっては、われわれもあらゆる対応策を打つ。

広大な私有地だからできること

カジノができるなら入場者の急増に向けた手を打つが、カジノを頼りにしているわけではない。それどころか、実は、史上最高の入場者数を更新することも、さほど意識はしていない。

入場者が増えるぶんにはありがたいが、こちらから仕掛けてどんどん増やしていこうとは考えていない。むしろコンテンツの質を上げることに力を入れている。どうしても入場者数を稼ぎたいのであれば、佐世保の入場者を増やすより、ハウステンボスの2号店を立ち上げるほうを選ぶだろう。

数を増やすステージは終わった。私がいま夢中になっているのは、ハウステンボスを質的に転化させていくことのほうだ。単なるテーマパークとは呼べない存在に変えようとしているのである。

再生を引き受けたときから、私は「いつの日か、ここを観光ビジネス都市に変える」と言い続けてきた。

観光ビジネス都市、聞きなれない言葉だろう。当然だ。私の造語なのだから。観光地であるハウステンボスにさまざまなベンチャー企業が集結して、世界最先端の技術を実証実験する。そして、ここで生まれたテクノロジーを世界に売る。そんなイメージだ。単なるテーマパークではない。ビジネス都市なのである。

ハウステンボスの敷地はモナコ公国くらいの広さがある。連続した敷地面積としては、単独テーマパークとしてダントツの大きさだ。インフラも整い、ホテルや住宅があり、レストランやお店もあり、発電設備まで備えている。都市としての機能を完全に備えている。

ポイントは、これだけ広大なのに、私有地だということだ。普通は規制があってできないようなことも、ここなら試せる。

例えば、2017年の花火大会で飛ばした300機のドローン。夜空に飛ばすわけで、危険がないとは言えない。都会の真ん中では、なかなか許可がおりないはずだ。

エアホイールは園内でどんどん進化する

私有地だからできるのである。

私は園内を電気自動車で移動するが、実は運転免許証をもっていない。正確に言うと、昔はもっていたのだが、更新を忘れて失効してしまったのだ。でも、ここは私有地なので、私が安全に運転すれば何の問題もない。

立地や天候に左右されずに稼ぐ

お客様の園内移動用にセグウェイ型の搭乗移動支援ロボット「エアホイール」の貸し出しも行っているが、規制が厳しいため、普通は公道で走れない。私有地だから走れるのである。

エアホイールのメーカーにとってみれば、ここは最新技術を遠慮なく実験できる場である。だからハウステンボスにおいて、機能がどんどん進化していく。当初はシンプルなものだったが、現在のモデルはセンサーが働いて倒れない。近くデビューさせる最新型はロボットにしてしまった。普段は案内ロボットとして、お客様の前を進んで説明する。お客様が疲れたら、頭をポンと叩けばエアホイールに変わる。

こうしたエアホイールをメーカーやロボット会社に頼んで開発する。ハウステンボスで実証実験して好評だったら、それを商品化し、世界に向けて売り出す。そんなビジネスを始めているのだ。

来園されたお客様から入場料をいただいたり、食事をしていただいたり、お土産を買っていただいたりして稼ぐのが、テーマパークのビジネスモデルだ。しかし、このエアホイールの例では、テーマパークとは無関係に、うちで開発されたエアホイールを買った方から、お金をいただくことができる。来園したかどうかは関係ない。海外の人が買う場合、ハウステンボスの名前さえ知らない場合もあるだろう。

いままでの「テーマパーク的な稼ぎ方」とは、まったく別次元にあることがわかっていただけるはずだ。

観光ビジネス都市のビジネスモデルでは、立地の影響も、天候の影響も受けない。

テーマパーク的な弱点を無視して利益を出すことができる。私が「いつか東京ディズニーリゾートの利益を抜ける」と信じているのも、このビジネスモデルが立ち上がり始めているからなのだ。

エアホイールは一例にすぎない。ハウステンボスのアトラクションでは、VR技術や3D技術の実験ができるだろう。広大な敷地を移動するのに、電気自動車の自動運転の実験だってできるはずだ。もちろん、事故を起こさないことが絶対条件だが、危険でないものなら、どんなものでも試していい。

メーカーにとっても、研究所で試験はできても、なかなか実地に使い続ける機会はないはずだ。継続的に使って初めて見えてくる問題もある。実地試験でダメだとわかれば、次の手が打てる。効率よく技術開発が進む。だから、ベンチャー企業の側からアプローチを受けることも増えてきている。

これだけ技術の進化が速い時代に、許認可に時間がかかっては、競争で後れをとってしまう。たった1～2ヵ月のズレが命取りになることもあるのだ。ハウステンボスであれば、うちがOKを出せば、明日からでも実験できる。他社より先にノウハウを蓄積できれば、それだけ優位に立てる。

まだ海のものとも山のものともつかないような技術、研究所で開発したものの試しようのなかった技術。そんな最先端テクノロジーがハウステンボスに集結し、本当に使えるのかどうか実証する。なんとも愉快な話ではないか。どんな無名のベンチャーでも、どんな突飛なアイデアでも大歓迎だ。

こうした観光ビジネス都市の可能性については、佐世保に乗り込んだ当初から気付いていた。でも、しばらくは「テーマパークとして食べていく」ことが最優先だった。安定して利益を出せるようになり、ようやく新たな一歩を踏み出す準備が整った。ハウステンボスの経営は第2ステージに入ったのだ。私にとっては「いよいよ本番だ」という気持ちのほうが強い。

芸術家が溢れる街

現時点では、まだ観光ビジネス都市を名乗るにはおこがましいレベルだが、すでにさまざまなベンチャー企業が参加してきている。

2017年夏にハウステンボスを訪れた方なら、園内の運河にピカピカ光る魚が泳いでいるのを目にされたかもしれない。韓国のロボットベンチャーが作った魚型ロボ

舞浜の「変なホテル」2号店で泳ぐ魚型ロボットMIRO

ットＭＩＲＯ《マイロ》だ（千葉の舞浜にある「変なホテル」２号店の水槽でも泳いでいる）。これをハウステンボスの運河でも泳がせたい。その実験をやっていたのである。

本物の魚と一緒に泳がせると、魚はなぜか魚型ロボットのあとをくっついて泳ぐという。実証実験をやれば、思わぬ発見があるものだ。こうした発見も、いずれ別のアイデアに発展していくことだろう。

テーマパークに遊びに来たつもりが、園内でこんな光景を目にする。しかも、世界最先端の技術なのだ。園内のあちこちで実験が行われていたら、お客様としても楽しい気分にならないだろうか？

何もビジネスに限らない。いろんな人がこ

こに集まって、何か新しい付加価値を創造していく。いわば「価値創造都市」だ。芸術だっていい。

ハウステンボスでは電柱や電線が地下に埋められており、一本も見当たらない。エアコンの室外機だってない。ゴミも落ちていない。本場オランダより美しい街なのだ。「東洋一、美しい街」と言い換えてもいい。

そんな美しい街の港に行けば、いつも何人かの画家がキャンバスに向かっている。そうなれば、より街らしく変貌するではないか。

実は2017年秋から、芸術家の支援制度をスタートさせる計画をしている。東京芸大のような超難関大学に入り、優秀な成績で卒業したとしても、芸術家として食べていける人はごく一握りだ。「ならば、ハウステンボスに来なさい。食べられるようになるまで、われわれが面倒をみましょう」と。

住む場所や創作の場所は提供しましょう。そのかわり、ハウステンボスが忙しいときだけ手伝ってください。アルバイト代は出します。3分の2ぐらいの時間は自由になるだろうから、芸術活動に打ち込んでください。作品ができたら、それを展示して売る場所も提供します。そういうプログラムだ。

芸術家の卵たちがハウステンボスのあちこちに溢《あふ》れていたら、それだけで楽しい。そのうえ、もし芸術で稼げるようになれば、作品が売れたときなどに多少は手数料をいただくことで、こちらのビジネスにもなる。ギブアンドテイクで、この街を盛り上げていく。

都市というからには定住者を増やす必要があるが、現状、住宅に関しては心もとない。開園時に作られたワッセナーという別荘地はあるが、値段が高い。会社の寮などは増えたが、個人向けの住宅は、その後作られていない。

そこで、将来的には、大村湾沿いに格好良くて値段も安い住宅を作りたいと考えている。ヨットも置けて、船でハウステンボスに通勤するなんていうと、若いベンチャー経営者は魅力を感じるはずだ。

要は、ハウステンボスを「テーマパークを超えた存在」に変えたいのだ。街としての魅力があり、誰もがここに来て、働いて、住みたいと願う。そんな存在だ。夢は広がるばかりだが、そこまでいかないと観光ビジネス都市を名乗る資格はない。

ローコストホテルの時代が来る

観光地であるハウステンボスを舞台に、最先端技術の実証実験をやり、いずれは世界に出ていく——。

「そんなこと簡単にできるのか?」と思われたかもしれないが、実はすでに第1弾は登場している。「変なホテル」だ。ロボットばかり注目を集めるが、あれは観光ビジネス都市の象徴でもあるのだ。

「変なホテル」については次章で詳しく紹介するが、ここでその前段階となったスマートハウスの実験について紹介しておきたい。この実証実験には私自身、実験台として参加している。

私はいまでもハウステンボスにいるときはホテルヨーロッパに泊まっている。佐世保での生活のほうが長かった時代には住民票まで移していたので、住んでいたと言っていいぐらいだ。

ホテルヨーロッパはハウステンボスが誇る五ツ星ホテルである。100年の歴史を誇るアムステルダムの同名ホテルを再現したもので、内装は19世紀のヨーロッパを彷《ほう》彿《ふつ》とさせるし、サービスの質も高い。

ただ、ある日思ったのだ。すべてのお客様がこれを望んではいないだろうと。もちろん高い宿泊費を支払う以上、五ツ星ホテルに求められるサービスの水準が、今後も下がることはない。しかし、三ツ星、四ツ星ホテルであれば、もう少しサービスが簡素化されても、安く泊まれるほうを喜ぶお客様が多いのではないか。

ローコストホテル（ＬＣＨ）の時代が来る――。そう考えたのだ。

２０１２年はピーチ・アビエーションやエアアジア・ジャパン（現バニラ・エア）といった格安航空会社が次々と設立され、「ローコストキャリア（ＬＣＣ）元年」と呼ばれた。でも、私はそれよりずっと昔から「ＬＣＣの時代が来る」と言い続けてきた。

当時、大手航空会社に「ぜひＬＣＣを設立してくれ」という話をもちかけたのだが、誰も相手にしてくれなかった。そんな時代が来ると理解できなかったのだろう。仕方がないので、自分で１９９６年に設立したのがスカイマークエアラインズ（現スカイマーク）だった。実に「紀元前16年」のことだ。

当時は規制も厳しく設立には苦労した。運航開始後も大手から値下げ攻勢を受けて業績不振に悩んだ時期もあったが、なんとか黒字に戻し、新しい担い手に引き継がせていただいた。このチャレンジは人からは笑われたが、でも、本当にＬＣＣの時代は来たのだ。私が手を出すのが早すぎただけの話だ。

同じように現在、ＬＣＨの時代が来ると確信している。ならば誰より早く参入して、先にノウハウを蓄積しておきたい。

ＬＣＣの登場は、膨大な人口を抱えるアジアに海外旅行ブームを巻き起こした。ＬＣＨでも同様に、アジアの需要を取り込めるはずだ。このまま海外旅行者が増え続ければ、世界中でホテルが足りなくなるのは見えているのだから。

ホテルの3大コストは光熱費、人件費、建設費である。快適さはたもったまま、これらのコストを抑える方法を見つければ、数千円で泊まれる四ツ星ホテルを実現できるはずだ。ポイントは「生産性の向上」である。

安くてもデザインは格好良く

目指すべき方向性は決まった。生産性の徹底的な向上だ。

そこで、ハウステンボス内の空き地にスマートハウスを建設し、私自身が寝泊まりしてみることにした。建設費、光熱費をどこまで減らせるか実験をするのだ。実際に住んでみなければ、快適性も耐久性も効率性も見えはしない。実証実験あってこその

寝泊まりしていたスマートハウス

観光ビジネス都市だ。
　設計は東京大学生産技術研究所にお願いしたが、私が仕切るので、とんとん拍子に話が進む。最初に相談したのが2012年夏だが、設計は半年で終わり、2013年5月にはもう建物ができてしまった。
　総工費は4000万円。木造と鉄骨を組み合わせたハイブリッド構造の平屋だ。白い箱のようなモダンなデザインで、この年のグッドデザイン賞ベスト100に選ばれ特別賞も受賞している。
「安かろう、悪かろう」なんて格好悪い。「こんなにクオリティの高いものが、なんでこんなに安いの？」と思わせないと面白くない。だから、ローコストホテルといっても、デザイン面で妥協する気はない。

延べ床面積は83・5平方メートル。建物は内部で2棟に分かれており、片方はリビングダイニングキッチン、もう片方には寝室・風呂・トイレがあった。

世界最先端の省エネ技術を注ぎ込んでもらった。テーマは自然との共生だから、太陽光や風力など再生可能エネルギーだけでまかなうことになった。庭先にミニ風車は立っているし、屋根には太陽光発電パネルや、太陽熱温水パネルが載っている。太陽光で温水を作って貯《た》めておくわけだ。

特筆すべきは輻射《ふくしゃ》パネル。金属パネルの中を水が流れるようになっている。夏は冷水を通すことで冷房に、冬は温水を通すことで暖房に使う。セントラルヒーティングの冷暖房版と考えてもらえばいい。

熱源は、大村湾の水深10メートルからくみ上げた海水だ。海水は年間を通して温度が安定しており、夏は地上の気温より低く、冬は地上の気温より高い。この温度差を利用することで、効率よくヒートポンプで冷水や温水が作れるのだ。こうして作られた冷温水がパネルの中を流れ、空調の機能を果たす。エアコンを使うよりはるかに省エネで電気代もほとんどかからない。

この輻射パネルを壁のように、家の構造の一部として組み込んだ。だから、スマートハウスに柱はなかった。

屋根や壁には、日本の環境ベンチャーが開発した断熱塗料を塗った。屋根でも外壁でも塗るだけで断熱できるすぐれものだ。普通の家の場合、屋根を三角形にすることで空気の層を作って断熱する。この塗料があれば、天井は真っ平らでもいいので、そのぶん建築コストも抑えられるわけだ。

当然ながら、四角い箱にするほうが建築コストは安い。ホテルとして世界展開するには運びやすいコンテナ型にするとか、輸送の手間も考えないといけない。物流規格の統一というのも、低コスト化の一つなのである。

ほかにも蓄光タイルがあったり、顔認証システムがあったり、音声コントロールシステムがあったり、磁力発電の実験機があったり、空気で水を作るウォーターサーバーがあったり、最新テクノロジーの見本市といった様相だった。

お風呂のお湯が冷たい！

スマートハウスは一方の壁が全面ガラスになっている。リビングルームのほうには当初カーテンがついていなかったので、人々が行きからうハウステンボス内の平屋に住むのは、まさに実験台気分だった。

では、結果はどうだったのか？　使える技術が半分、使えない技術が半分というところだ。やっぱり実験室でどんなに好成績が出ようが、実際に使ってみると違う結果が出るものだと実感した。

ダメだったのは、イギリス製の太陽熱温水パネルだ。太陽光で温めた温水を貯めてあるから、ガスで沸かさなくてもお湯が使える。「24時間、いつでもお風呂に入れますよ」——そんな売りだったのだが、お風呂のお湯が冷たくて、結局、普通のボイラーをつけてもらうことになった。

透明なガラスのタッチパネルも使えなかった。ラスベガスで見て「格好いい！」と思い、部下に探させた。韓国のLGがラスベガスのショー専門に作っているもので、商品化はされていないというので、フランスのメーカーに似たようなものを作らせた。

ところが、建物のコンセプトが開放感なので、部屋は外からの明かりで満ちている。人間にとっては気持ちがいいのだが、タッチパネルには過酷な環境のようで、機能しなかった（ちなみに、その後の4年間で技術が進歩したため、2018年7月にオープンするハウステンボスの「変なホテル」3期棟でデビューさせる予定だ)。

風力発電もダメだった。どこの風力発電所でも、風車のブンブン回る音が気持ち悪いと近隣住民から苦情が出ているが、ここのは5ワットぐらいの小型風車のため、ほとんど音がしない。ぜひ実用化したかった。

ところが、場所が悪かった。大村湾は内海なので、外海沿いのような強風が吹かない。空気がトロンとしている。「ハウステンボス名物」のオランダ風車すら電気で回しているぐらいで、風力発電には向かない場所だったのだ。まあ、この技術は将来、風の強い土地にホテルを建てる場合に役に立つとは思うのだが。

一方、最大の発見だったのが、輻射パネル。風を送るタイプのエアコンと違い、窓を開けっぱなしでも部屋は涼しいままだし、肌も乾燥しない。猛暑の日でも、ほどよく冷える。体にやさしい冷房だと感じた。たまに外から風が入ってきたりして、まさに自然との共生だ。省エネ効果も絶大だったので、これは「変なホテル」に採用している。

この輻射パネルは鉄パイプを束ねたものだが、絶対に錆びないこと、漏れないことが求められる。そこで、船舶の建造を手がける地元のメーカーに作ってもらった。佐世保の主産業が造船業であることの恩恵が、こんなところに出たのである。

結局、2013年12月いっぱいぐらいまで実験を続けた。そして、すかさずローコストホテルの構想を練り始めた。

第3章　「変なホテル」はどこが変か？

割り切ったほうが進化は早まる

スマートハウスの実験が2013年いっぱい。「変なホテル」1号店のオープンは2015年7月だから、ずいぶん早いと思われるかもしれない。しかし、ビジネスにおいて何より重要なのはスピード感なのだ。

特にテクノロジーについては、よりスピード感が求められる。例えばロボットが人間の代わりに働くホテルで考えてみよう。

人間の仕事の9割がたはロボットに置き換えられる。しかし、現時点ではどうしても無理な作業もある。客室のベッドに髪の毛が一本落ちていたり、隅っこに小さな埃《ほこり》が残っていたりすると、気持ち悪いものだ。しかし、そんな細かい部分までチェックして掃除できるロボットは存在しない。

完璧な掃除ロボットが登場するには、まだ10年かかるとして、それを待ってスタートするのか？　それでは時間の無駄だ。ロボットにできない1割は人間がやると割り切って、見切り発車するほうがいい。なぜなら、その間に、ロボットがやる9割の部分を進化させられるからである。

ロボット3体が働く「変なホテル」のフロント

問題が見つかったら、どんどん改良していけばいいのだ。事業をスタートさせないかぎり、その問題を発見することもない。最初から「ロボットに100パーセントは無理」と割り切ることで、逆に進化は早まるわけだ。

これまで人間10人でやっていた仕事を一人でこなせるとなれば、それだけで生産性は劇的に向上している。いずれは無人ホテルも可能になるのだろうが、当面はそれで満足すべきだ。

われわれはビジネスをやっているのであって、実験機関ではない。早く開業することで利益が出るから、次の設備投資ができる。次の投資をするから技術はさらに進化し、お客様に喜ばれるのだ。そこを勘違いしてはいけない。最初から完璧を求めない。その代わり、途中でどんどん進化させていく努力を怠らない。これが私のビジネスの流儀だ。

「変なホテル」のロゴマークは、竹と「すやり霞《がすみ》」という和の意匠に加え、国蝶オオムラサキの羽がモチーフになっている。蝶は幼虫からサナギへ、そして成蝶へと完全変態する生きもの。「変わる」「進化する」ことを意識しているのだ。

「変なホテル」は変わり続けている。もちろんお客様のご要望で変わった部分もあるし、テクノロジーの進化で変わった部分もある。オープン以来の2年間でも大きく変わった。この章では、「変なホテル」がどう進化してきたのかを紹介したい。

予想外に注目された

「変なホテル」＝ロボットホテルというイメージをもった読者も多いかと思う。しかし、当初はそういう想定ではなかった。

たしかに2016年には「初めてロボットがスタッフとして働いたホテル」としてギネス世界記録に認定された。1号店のオープン時にはイギリスのBBCやアメリカのABCをはじめ、ドイツや中国など、世界から60社近いテレビ局が取材に来た。海外ではハウステンボスより「変なホテル」のほうが知られている。

正直、予想外の展開だった。「ハウステンボスにできた新しいホテルは、快適なのに比較的安い。あそこはいいぞ」と九州で口コミになるぐらいだと思っていた。ところが、全世界が注目したのである。

どこが注目されたかというと、ロボットだった。実際、フロントやクロークなど業務の大半をロボットがやっているホテルはオンリーワンだろう。

マスコミが取り上げてくれたおかげで開業前から話題になり、オープンと同時にたくさんのお客様が殺到することになった。開業から2年たったいまでも、稼働率は高い。閑散期でも80パーセントを超えている（繁忙期はもちろん満室だ）。

お客様のニーズがわかったので、その後はホテルのロボット化により力を入れることになったし、翌2016年にはハウステンボスに「ロボットの王国」もオープンさせた。「変なレストラン」では、ロボットがお好み焼きやチャーハンを作ったり、後片付けをしたりしている。一気にロボットのプレゼンスが増した。

要は、ロボットのエンターテインメント性に注目して、少しでもお客様に面白がっていただけることを考えたのである。快適さや安さ同様、面白さも「もう一度、泊まりたい」と思わせる重要なファクターだからだ。

とはいえ、前章で見たように、私のそもそもの狙いは「世界一、生産性の高いホテル」だった。光熱費、人件費、建設費というホテルの3大コストを極限まで削って、ローコストホテルを実現する。

たまたま「人件費を減らすためにロボットを使ってみてはどうか?」と考えただけの話で、最初からロボットありきのホテルだったわけではない。

そこで、ロボット=人件費の話題に入る前に、光熱費や建設費をいかに削ったかという話を紹介しておきたい。

なぜプレハブにしたのか

2017年8月現在、「変なホテル」は3店舗ある。ハウステンボスの1号店、東京ディズニーリゾートに近い千葉県舞浜の2号店、ラグーナテンボスの3号店だ。

ハウステンボスの1号店は、1期棟72室が2015年7月に、2期棟72室が2016年3月にオープンした(3期棟56室が2018年7月にオープンして、全200室になる

「変なホテル」は壮大な実験場でもある

予定だ)。

1期棟はスマートハウス同様、東京大学生産技術研究所による設計、2期棟は鹿島建設の設計だ。

1期棟は軽量鉄骨、2期棟は木造という違いはあるものの、どちらもプレファブリケーション工法で作った。工場である程度のパーツを作っておき、現場で組み合わせるから7ヵ月で建てられた。そのぶん建築コストが抑えられるわけだ。

こうしたユニット化は、将来、世界へ出ていくときの布石である。基本設計を共通化し、生産と輸送を迅速にする体制を整えていくことで、世界のどこでもすぐ建設できるようにしておく。

2期棟では、日本のホテルで初めてCLT工法を採用した(CLTとはCross Laminated Timberの略)。木材の繊維が直交するように重ねて密着させたパネルを使う工法だ。ＣＬＴパネルは工場で作られるし、現場での施工が簡単だから工期を短縮できる。しかも、コンクリートよりも軽くて頑丈だ。断熱性も遮音性も耐火性も高い。

「変なホテル」では１００パーセント、九州産の木材を使ったが、そういう形で日本の林業の復活にも貢献できる。コスト削減のために採用したが、持続可能な原材料を使うという意味も大きかった。

日本の林業を育てるために、国はＣＬＴ工法の普及に力を入れだしている。しかし、2期棟の建築時はまだ新しすぎて建築基準法で認められていなかった。そこで、大臣から個別に認定をもらって使った。ＣＬＴ工法でも使わないと、木造2階建てのホテルはなかなか認められないのだ。

秘境にホテルが建てられる

スマートハウス同様、ここでも省エネを徹底した。「変なホテル」の客室にはスイッチがない。センサーでライトをつけたり消したりするのだ。トイレから人が出て2〜3分すると、自動的にライトが消える。外出するときも同様だ。もちろん消費電力

生産性の高さを誇る「変なホテル」の客室

の少ないＬＥＤライトを使っている。
電気代を下げるため、電気はなるべく自給する。１期棟も２期棟も、屋上には太陽光パネルが並んでいる。夏場の昼間なら、これだけで十分にまかなえる。夜間に備えて蓄電池も用意した。昼間の余剰電力を蓄電池に貯めておくのだ。
これで光熱費はかなり抑えられるし、エネルギーのインフラが整っていない新興国に出ていくときでも通用する。
問題は雨の日や冬だ。冬はただでさえ日照時間が少ないのに、佐世保の冬は、東京の冬のようにカラッと晴れることがない。どんよりと曇った日が多く、太陽光発電に最適とはいえない。

そこで2期棟では、東芝の開発した「Ｈ２《エイチツー》Ｏｎｅ《ワン》」（自立型水素エネルギー供給システム）というシステムを採用して、夏場に蓄えた電気を冬場に使うことにした。

Ｈ２Ｏｎｅでは、太陽光発電した電気で水から水素を取り出し、特殊な磁石に貼り付けて保管する。電気が必要になったときは、この水素を燃焼させれば、電気と温水が取り出せる。従来の蓄電池は電気を貯めておける時間が短いのが難点だったが、Ｈ２Ｏｎｅなら、夏に作った電気を冬まで余裕で持ち越せる。電気の長期保存という部分で、実に画期的な技術なのだ。

長期保存できるうえに、給湯もできる。太陽光と水しか使わないので、環境に負荷をかけない。それでいて、水素を貯蔵するタンクは、従来の10分の1の大きさになった。夢のような話だ。

ただ、これは10年後、15年後に普及するような「未来の技術」といえる。だからコストがすさまじく高く、予算の問題で72室中の12室にしか導入できなかった。水素社会実現のための研究ということで、経産省から補助金が出たのだが、それでもうちだけで数億円は投資している。さすがに全部屋は無理だった。エネルギーを完全自給し、温水も供給しているのは、この12部屋だけということになる。

ただ、ほかに導入事例がないので、いま「変なホテル」で実験しておく意味は大きい。いずれ大量生産されて製造コストが安くなったとき、優位に立てるからだ。世界遺産に登録されて世界中から観光客が集まるのに、インフラが未整備なためホテルが一軒もない。そんな場所が、世界には無数にある。そんな秘境でも、このシステムがあればホテルは建てられる。砂漠の真ん中で発電&蓄電することが可能だし、水のある場所なら給湯だってできるのだから。

H2Oneシステムの導入は、目先のコスト削減とは真逆の方向だが、将来に向けた意味ある投資なのだ。

結露で水浸しに

実際に使ってみなければ気づかないこともある。それを痛感したのが輻射パネルだった。

スマートハウスの実験で気に入ったことは前章で紹介したが、当然、「変なホテル」でも採用した。

ホテルでも構造物の一部として使った。ロビーではパーティションのように使われているので、それが空調システムだと気づかない人も多い。今後増えていく「変なホテル」でも、採用は続けるつもりだ。風が出ないので体にやさしいし、光熱費もエアコンを使う場合の3分の1に抑えられるからだ。

客室の輻射パネル。長所も短所も見えてきた

ただ、こんなことが起きた。輻射パネルはエアコン以上にパワフルで、1期棟のロビーなど、輻射パネルしか置いていないのに猛暑日でも寒いぐらい冷える。しかし、立ち上がりがエアコンより遅いのだ。

客室も輻射パネルしか入れていなかったので、お客様から苦情が多かった。炎天下で遊んで帰ってきたお客様としては、部屋を急激に冷やしたい。特に小さなお子様連れの場合、子供が「暑い暑い」と騒ぐと、親はなだめるのが大変だ。

そこで、より冷たい水をパネルに流すことにしたのだが、今度は別の問題が起きた。パネルが結露したのである。パネルにできた大量の水滴は床に落ちる。2階の床に落ちた水で、1階の天井に染みができる事態となった。

スタッフは大慌てで家電量販店に走り、部屋数ぶんの除湿器を買ってきた。開業1年目の夏は、各部屋に除湿器が置かれていたのだ。

結局「変なホテル」の1号店では、エアコンも導入し、二本立てでいくこととなった。私がスマートハウスで実験したときは、こんなこと思いもしなかった。十分な涼しさだと感じていた。やはり、いろんな方に実際に使っていただく意味は大きいと思った。

ゼロ号店だから社長直轄

繰り返すが、ビジネスはスピードである。特に経験の通用しないフロンティア領域の場合、少人数で進めるほうがいい。どうせ技術的なアドバイスは、外部の専門家に頼るのだ。内部の意思決定をするだけなら、少人数のほうが早く進む。

だから、スマートハウスから「変なホテル」の設立準備までは、事業開発室の一人に任せた。彼は中途採用組で、いきなり新事業を担当したから、ハウステンボスの営業を手伝うこともない。「いったい何をやってる人なの?」と、スタッフたちからうさんくさい目で見られたという。

開業3ヵ月前からは、総支配人を置いてバトンタッチさせた。エイチ・アイ・エスから連れてきた、30代前半の若手だ。ホテルヨーロッパにGM（ジェネラルマネジャー）は不可欠だが、「変なホテル」にGMは要らない。お客様の前に出て、ちゃんとした挨拶をするようなシーンがないからだ。総支配人の仕事は裏方というか、新しいシステムの開発や管理だから、若手に任せても問題ない。

この事業開発室長も総支配人も、社長である私の直轄にした。余計な雑音をはさまないようにしたのである。せっかく奇抜なアイデアが出てきたとしても、途中で潰されてしまってはたまらない。

「変なホテル」というネーミングは、ロゴも作ってくれた外部デザイナーのアイデアで、私が決めた。私ですら最初はギョッとした大胆なネーミングなのだから、もし普通の流れで平社員→課長→部長→役員と上がってくるとしたら、当然、私のところまでは届かず、途中で潰されていただろう。

ちなみに総支配人は当初、この名前が嫌で嫌でたまらなかったという。いまではこのネーミングのおかげでヒットしたと理解しているが、ホテルが認知されるまでは、どこで口にしても笑われた。

ロボットを仕入れるのは彼の仕事だが、例えばメーカーに「『変なホテル』と申しますが」と電話すると、イタズラ電話だと思われてガチャンと切られてしまう。「いいえ、変なホテルなんて卑下されずに、正式なホテル名をおっしゃってください」と言われたこともあるらしい。

重要なのは、二人ともホテル経営は素人だったことだ。従来と同じようなホテルを作っても仕方がない。ホテル業界に革命を起こすほど、オリジナリティのあるホテルにしたかった。だから既成概念に縛られないよう、素人を選んだのだ。そういう点では、ここが「奇妙なホテル」であることに間違いはない。

その後、2017年3月に舞浜の2号店が、同8月に蒲郡の3号店がオープンした。ホテル事業の管轄で、これから続々とオープンする店も同様の扱いになる。しかし、ハウステンボスの1号店だけはテーマパーク事業の管轄で、社長直轄のままだ。

もちろん、新しくオープンする「変なホテル」には、その時点での最新技術を導入する。ただ、将来に向けたさまざまな実験をしていくのは、今後もハウステンボスにある1号店。いわばゼロ号店の位置づけであり、だから社長直轄なのだ。観光ビジネス都市でなければ、大胆な実験はできない。

素人だからできたこと

当然ながら、素人ならではの成功と、素人ならではの失敗がある。

成功例は、リンスインシャンプー。ビジネスホテルであっても、シャンプー、リンス、ボディーソープの3点セットが業界の常識だ。総支配人が園内にあるほかのホテルの人間に相談したところ、「リンスインシャンプーなんて、とんでもない！　女性もたくさん訪れる観光地のホテルなんだから」と猛反対されたという。業界の常識では失礼に当たる行為なわけだ。

しかし、ハウステンボスで宿泊されるお客様は、大半が1泊か2泊。1週間も滞在されるならともかく、1日2日なら、リンスインシャンプーでも不満に思わないのではないか。経費を減らしてホテル代を安くしたほうが喜ばれるのではないか。そう考えて試したところ、ほとんど不満が出なかった。

一方、当初はテレビを置かなかったが、これは失敗例だ。ここに泊まるお客様は、テーマパークを楽しむためにやって来る。花火を見たり、イルミネーションを見たり、夜までたっぷり楽しんで、ホテルには寝に帰るだけ。テレビを見に来る人はいない――。そういう思い込みがあった。

もちろん、どうしてもテレビが見たい人もいるだろう。そのために、部屋に備え付けのタブレットで視聴できるようにはした。

ところが、これには不満が噴出した。寝る前にニュースを見たい人もいるだろう。家族で小さなタブレットをのぞき込むのも、なんだかわびしい話だ。お客様のニーズを理解していなかったのである。すぐ全部屋にテレビを設置した。

同様に、当初は置いていなかったスリッパもパジャマも置くようになった。冷蔵庫も当初はなかったが、「ビールが冷やせないじゃないか」とお叱りを受けて、置くようになった。そこまでは削らないでくれ、という声を素直に聞いた。

光熱費を抑えて料金を下げるほうが喜ばれるのは事実だ。とはいえ、どこまで削っていいかは、ホテル側だけで決められる問題ではないのだ。なかなか難しい。

ロボットに人間の代わりをさせるというのも、業界の常識では失礼に当たる行為だろう。普通のホテルであれば、エントランスを入るやいなや、人間のスタッフが「いらっしゃいませ」と笑顔でお出迎えをする。しかし、ここはロボットホテルなので、そういうおもてなしがない。チェックインからチェックアウトまで、従業員にまったく会わなかったというお客様も多い。

一般論として、ホテル業界には「おもてなし」を重視する風潮がある。どうしても人間である必要がない部分まで人間がやろうとする。多少の機械化を進めたとしても、手が空いたぶん、これまでより接客サービスに時間を割こうと発想する。人間の数はそのままで、新しい仕事を見つけようとするのだ。

どちらがいいか悪いかではなく、従来のホテルでは、人間を減らすことがタブーになっている。無人のロビーにお客様を放置するなんて、生粋のホテルマンには耐えられない蛮行だろう。

「変なホテル」は、まず人を減らすことを考えた。人件費を減らせばホテル代を下げられる。そちらでお客様に利益を与えようという考え方だ。いわば業界のタブーに挑戦しているようなもので、素人だからできたことだと思う。

料金はあなたが決めてください

実は料金システムにおいても、「変なホテル」は画期的な試みをした。

通常はホテル側から宿泊代金を提示する。「1泊いくらです。この値段に納得されたならご予約ください」と。

しかし、それでは面白くない。これまでにない新しいホテルなのだから、逆に「いくらなら泊まっていただけますか?」と、お客様に価値を決めていただこうと考えた。オークションでホテル代を決めるのである。

もちろん、無制限というわけにはいかない。下限価格は3000円。そこから1000円刻みで、上限価格2万円まで入札できるようにした。生産性を高めてホテル代を安くするのがコンセプトなのだから、さすがに2万円以上いただくわけにはいかない。

3000円では赤字になってしまうが、これは話題作りだ。「テレビもない。冷蔵庫もない。スリッパもない。だけど、そのぶん安くなるし、オークション制だから、さらに安く泊まれる可能性がありますよ」とアピールしたかった。

どうしてもこの日に泊まりたいというお客様がいれば、上限の2万円を入れていただければ、必ず泊まれるようにした。ホテルが開業する半年ぐらい前から入札を受け付けて、かなり話題になった。

これまでのホテル概念を覆した、画期的な取り組みだった。しかし、結果的にはうまくいかなかった。

オペレーションが大混乱したからだ。入札は宿泊希望日の1ヵ月前に締め切るルールだった。その時点でもっとも高い値段をつけていた方が宿泊できるのである。しかし、1ヵ月前まで予定が決められないのは、お客様にとっては具合が悪い。落選した場合に備えて、よそのホテルに予約を入れるような方も多かった。あるいは、事情があって旅行は取りやめになった方もいた。

こうして、せっかく当選した方のなかから、キャンセルが相次いだのだ。キャンセルの場合は、2番目に高い入札をされていたお客様に連絡する。その方がダメなら、3番目に高い入札のお客様……。

当選メールは自動送信できても、先方からのメールを読んで、キャンセルなのかどうかを判断するのは人間にしかできない。スタッフがおおわらわになった。

これは今日の予約ぶんの話である。明日になれば、その1ヵ月後の予約ぶんのお客様について、また同じことをやらなければいけない。きりがない。ホテルがオープンするまではなんとかこなせたが、ホテルの運営業務が加わると、混乱に拍車がかかった。ホテルのスタッフだけでは手が足りない状況になった。

世界一、生産性の高いホテルを目指すはずだったのに、オークションをさばくために、逆に生産性が落ちてしまった。これでは意味がない。結局、開業後1ヵ月で、この試みはやめてしまった。

現在はこちらで料金設定している。繁忙期には少し高くするなどイールドコントロールはしているが、1万〜2万円といったところだろう。

なお、予約の申し込みも人手を省くために、当初はインターネット限定だった。のちに電話での予約も受け付けるようになったが、これは「やむなく」である。

30人がたった7人に！

さてロボットの話に入ろう。

そもそもロボットホテルを作ろうと思ったわけではなく、「ロボットを使えば、少しは人件費を減らせるかな」ぐらいの感覚だった。だから、オープン時のロボットは6種類82体にすぎなかった。

ところが、ロボットの部分で注目されたので、そこからは意図的にロボットを増やすようにした。2017年8月現在、27種類233体ものロボットが働いている。ロボットホテルと呼ぶにふさわしい陣容になった。

するとと何が起こったか？　開業時は30人もいたスタッフが、７人に激減したのだ（その間、２期棟が完成して、部屋数は72室から１４４室へ倍増しているにもかかわらずだ）。休日や、朝・昼・夜・夜間のシフトがあるから７人在籍しているだけで、ある時間帯に詰めているのは１～２人である。

「変なホテル」１号店は１４４室ある。通常、このクラスであれば30～40人はスタッフが必要だ。それが７人でできる。私自身、「ここまで生産性が高められるのか！」と驚いたが、ハウステンボス内のほかのホテルのスタッフたちも「どうして７人でできるんだ！」とプレッシャーを感じていると思う。

もちろんロボットは安くない。しかし、仮に１台５００万～８００万円かかったとしても、従業員一人ぶんの人件費と変わらない。だが単純に考えて、２年目以降は人件費がまるまる浮く計算になる。

開業の時点でもチェックインはロボットがやっていたので、ここまで人を減らせた理由は、掃除ロボットの導入だろう。床掃除や窓拭き、芝刈りといった作業をロボットがやってくれるようになり、人間の仕事はかなり減った。

掃除ロボットの性能もどんどん上がっているが、現時点で任せられないのは、浴室やトイレの掃除、ベッドメイキングなどだ。思ったより技術的ハードルが高く、まだしばらくはロボット化できそうにない。まあ、すべてをロボットがやる必要はない。30人を7人に減らせただけで、驚くほどの生産性向上なのだから。

客室の作りの問題もあるだろう。開業まではロボットホテルなど想定していなかったから、部屋がロボットに働きやすくできていない。現時点のロボットでは掃除しにくいというなら、最初から「ロボットが掃除しやすい部屋」に空間設計すればいいだけだ。そちらは近いうちに実現できるだろう。

ロボットを売る

掃除ロボットのように製品化されたものを探してくることもあるが、メーカーと一緒に開発しているものもある。お客様の荷物を運ぶポーターロボットなどは、オリジナルのロボットだ。ハウステンボスが観光ビジネス都市に変貌するにつれ、オリジナルのロボットはどんどん増えていくはずだ。

例えば、ゴミ箱にセンサーがついていれば、人間が確認する必要がない。「ゴミを回収してください」と指示が飛んできて、ゴミ回収ロボットが回収に向かう。この間、人間はまったく関わる必要がない。

なお、窓拭きロボットや床掃除ロボット、芝刈りロボットは、働く姿を見た宿泊者から「これ欲しいのですが」と言われることが増え、ホテルでも販売することになった。販売するといっても、割引クーポン券を渡し、メーカーのホームページでクーポンの番号を入力すれば、仲介手数料が「変なホテル」に入るというビジネスである。

たしかにオフィスでも、高い場所のガラス拭きは重労働だ。たまにしか行かない別荘の芝刈りを憂鬱《ゆううつ》に思っている人もいるだろう。「代わりに誰かにやってほしい」というニーズは確実に存在する。だからロボットが売れるのだ。

ハウステンボスにある「ロボットの王国」でも、高度なコミュニケーションロボットから簡単なホビーロボットまで、さまざまなロボットを販売している。見て触ったら欲しくなるのが心情なのだ。

「変なホテル」の客室にはスイッチが存在しないと書いた。1号店なら「ちゅーりー」（ハウステンボスのマスコットキャラクターだ）、2号店なら「タピア」というコミュニケーションロボットがいる。彼らに話しかければ、部屋の明かりをつけたり、エアコンをつけたり、テレビをつけたりできるわけだ。これらも宿泊者に人気が出たため、販売している。

こうしたオリジナルのロボットが増えれば、ロボット事業の売上もどんどん伸びて

宿泊客を和ませる、ちゅーりー（上）とタピア

いく。ハウステンボスのお客様だけが相手ではないからだ。前章でエアホイールの例を挙げたが、ここでも「テーマパーク的でない稼ぎ方」ができるようになる。

4本の柱の一つにロボット事業を据えているのは、こういう理由からだ。非常に伸びしろのあるビジネスなのだ。

なぜ恐竜だったのか

「変なホテル」の名物といえば、フロントにいる恐竜型ロボットだ。いまや「ああ、あの恐竜のホテルね」と言われるようになった。まさに「変なホテル」の顔である。だが狙って恐竜にしたわけではない。

高い生産性の象徴として、フロントにロボットを立たせることは開業前から決めていた。そこで、さまざまなロボットをテストしたのである。ところが、9割がたは耐久性がなくて使えなかった。数時間もすればモーターが焼き切れてしまう。人間の世話をするべきロボットが、介護を必要とするのでは、話にならない。

結局、もっとも強かったのが、博物館で使われていた恐竜型ロボットだった。人間がフロントにいる必要はないと考える私たちだって、「恐竜はさすがにやりすぎかな

恐竜型ロボットは「変なホテル」の顔

……」との思いはあった。おちょくられている気分になるお客様もいらっしゃるのではないかと。ただ、「テーマパークにあるホテルだから、恐竜でも許されるのではないか」という結論になった。

要は、耐久性が最優先だったわけだ（1号店だけにいる人型ロボット「夢子」も、同じメーカーの作った強いロボットである）。

開業から2年がたつが、これらのロボットは一度も壊れたことがない。チェックアウトとチェックインのあいだの4時間は、このロボットを止める。部屋を掃除する時間帯だから、お客様にチェックインされては困るからである。それでも毎日20時間、壊れず働き続けている。人間なら、ここまで元気に働けない。

消去法でホテルの顔に決まった恐竜型ロボットは、逆にホテルのインパクトを強める結果になった。特に子供たちの人気が高いので、その後も使い続けている（1号店・2号店では小型肉食獣ヴェロキラプトルだったが、3号店では大型肉食獣ティラノサウルスにパワーアップさせた。恐竜シフトがより鮮明である）。

ただ、1号店はハウステンボスにあり、2号店は東京ディズニーリゾートの近所、3号店はラグーナテンボスにある。いずれもエンターテインメント性が求められる場所だ。大都会のビジネス街に「変なホテル」を出店する場合は、恐竜以外のほうがいいかな、とも考えている。

大切なのは、お客様を飽きさせないことだ。「3号店はティラノサウルスだったけど、7号店は何かな？」とワクワクさせないといけない。「『変なホテル』はよく知ってるから、もう泊まらなくていいや」と思われるのが最悪だ。

「変なホテル」を同じように名乗りながら、すべて違うホテルであっていい。例えばビジネスマンが主な客層なら、1階に診療所やマッサージ店を入れるとか、それぞれ違いを出す。どうすればもっと泊まり心地が良くなるか、どうすればお客様が楽しんでくださるか。それをつねに考える。変化するホテル、進化するホテルというのは、何もテクノロジーに限った話ではないのである。

現時点で4号店以降は大阪市内、東京都内、台北、上海に出す予定で、準備を始めている。その後もベトナム、インドネシア、タイなどアジアを中心に、3〜5年で100店まで増やす予定だ。

お客様の問い合わせを減らす

博物館で使われている恐竜型ロボットをフロントに設置し、会話機能をもたせる。では、どの程度の機能が求められるのか？　議論になった。

いずれは人工知能が発達して、学習するロボットが登場するだろう。会話もスムーズになるし、お客様の表情も読み取るようになる。「お客さん、その帽子格好いいですね。どこで買われたのですか？」とか、お客様がニコニコしているのを見て「今日は何かいいことがあったのですか？」なんて言葉を発するようになるはずだ。

恐竜から「格好いいですね」と言われたら、なんとも愉快な気分になる。早くそんな日がやってこないか、心待ちにしている。

とはいえ、現時点の技術では、そこまで求められない。莫大な費用をかけてコンシェルジュロボットを作ったとしても、その能力には限界がある。まず方言やイントネーションの微妙な違いを聞き分けられない。仮に正確に聞き取ったとしても、相手が何を求めているかを正確に理解し、的確な回答のできるロボットは存在しない。

ここは割り切りも必要だろうと、フロントのロボットはチェックイン・チェックアウトに特化させることにした。

ということは、通常のホテルのフロントで交わされるような会話がないということだ。疑問があればすぐスタッフに問い合わせられるよう、ロボットの横に呼び出しボタンを設置した。従業員を呼び出す宿泊客はそこそこいたし、客室から電話で問い合わせる方もいたので、生産性が下がった。

そこで、よくある質問を整理した。「チェックアウトは何時ですか？」「ビールの自動販売機はどこに置いてますか？」「朝食の会場はどこですか？」「送迎バスは何時に出ますか？」……。こうした疑問に対しては前もってＦＡＱにまとめておいて、部屋のタブレットで確認できるようにした。Ｑ＆Ａコンテンツの充実とともに、宿泊者がフロントに電話することはほとんどなくなった。

なかにはＦＡＱで対応できないリクエストもある。例えば「乳児用のベビーベッドが欲しい」と言われたとして、ロボットが部屋にベッドを運び、設置することは不可能だ。その場合のみ、従業員が出動する。ロボットホテルだと思ってお越しになったお客様には、人間が出てきて興ざめかもしれないが、現時点では仕方がない。

なお、実際に開業してみると、予想外の結果が出た。

「フロントのロボットにいろいろ質問されたらどうしよう？　本当にロボットだけで対応できるのだろうか？　コンシェルジュ的なものが必要なのではないか？」

それが最大の心配事だった。ところが、意外なことに、ロボットに質問をぶつけてくる人がほとんどいなかったのだ。

もちろん、ロボットに話しかける人はいる。人型ロボットに「お姉さん、可愛いねえ」とか、恐竜型ロボットに「ガオーッて吠《ほ》えてみてよ」とか。でも、それは冗談で話しかけているのであって、答えを期待しての質問ではない。

フロントには「このロボットはチェックイン・チェックアウト専用です」とは書かれていないので、お客様が質問してもおかしくない状況にある。それでも「新鮮な魚が食べられる居酒屋はどこ？」なんて質問する人はいない。

現時点のロボット技術の限界に理解があるというか、ロボット・リテラシーが高いのかもしれない。面白い発見だった。

フロントで現金は扱わない

意外に気付かれないことだが、フロントを完全にロボットに任せるために、欠かせない必要条件がある。現金を扱わせないことだ。

無人の場所に大量の現金を保管するのは安全性に問題がある。無人だと、ごく一部にはお金を払わずに帰ってしまう人だっているだろう。フロントの恐竜型ロボットが猛スピードで追いかけてくるなら、話は別だが。

そこで、宿泊代を現地で支払うのではなく、予約時にいただく形にした。すでにお支払い済みのお客様だけがいらっしゃるのだ。

通常のホテルにあるような「部屋付け」もない。例えば朝食の予約をしていないが、食べたくなったケース。普通なら朝食会場で食べたあと、ルームキーでも見せて「○○号室だから、部屋につけといて」と言う。しかし、これを認めると、チェックアウト時にフロントで精算する必要が出てきてしまう。この場合は、朝食会場で代金を支払っていただく形にした。

その結果、ホテル内で扱われる現金は、自動販売機だけになった。飲み物だけでなく、軽食もお土産もグッズも、すべて自販機で販売している。これらの現金だけ、たまに従業員が回収すればいい。

フロントで現金を扱わない結果、嬉《うれ》しい副産物もあった。普通、ホテルには必ず経理担当者が常駐しているものだ。つねに一人はいる必要があるから、シフトを考えると最低二人は用意しないといけない。一方、変なホテルでは経理担当者が必要ない。だから1～2人で回せるのである。これも画期的だと思う。

ロボットと会話している感じを

フロントのロボットは、この2年間で飛躍的に進化した。

オープン当初は、いまから考えれば、なんとも面白くなかった。ロボットと会話している感じがゼロだったのだ。

宿泊者は手順に従ってボタンを押すだけだった。1番のボタンを押すと、ロボットが「宿泊者カードを書いてください。書き終わったら2番を押してください」としゃべる。そこで宿泊者カードを書いて2番のボタンを押すと、ロボットは「宿泊者カードをこちらにお入れください。入れたら3番を押してください」としゃべる。そこで宿泊者カードを入れて3番のボタンを押す……。

たしかにロボットはしゃべっている。でも、これは会話でも何でもない。押したボタンの内容を機械的に音声に置き換えているだけだ。博物館などに「3番、東京タワー」のボタンを押すと、地図上の東京タワーが光って場所がわかる装置があるが、感覚的にはあれと変わらなかった。なんともローテクだ。もう少し「ロボットとやり取りしている感じ」は出せないか？

そこで、センサーを利用することにした。すでにセンサーはあって、宿泊者がフロントの前に立つと、自動的に「いらっしゃいませ」としゃべるようにはなっていた。これを応用できないかと考えたのだ。

宿泊者カードを投函する場所にセンサーを設置して、書き終わったかどうかを感知する。そしてボタンを押さずとも次にやってもらいたいことを自動的にしゃべらせるようにした。お客様としては、自分の行動をロボットに見られている感覚になるので、少し会話感が出た。これが第1弾の進化だ。

次に考えたのは、そもそも宿泊者カードが必要なのかということだった。ボールペンで紙に書き込むところが、悲しいぐらいに未来的じゃない。未来のホテルをイメージしていらっしゃったお客様はガッカリするだろう。

そこで、紙をなくしてしまった。電子台帳にしてしまえば、宿泊者カードを読み取る手間も、保管する手間もなくなる。旅館業法の定めでサインだけは必要なのだが、住所や電話番号を書く手間がなくなれば、お客様も大喜びだろう。

インターネット予約の際にお客様の情報はわかっているのだから、目の前の人とその情報を結び付ければいいだけの話。そこでタブレットにお名前を入力していただき、それで宿泊者情報を引き出すようにした。これが第2弾の進化である。

しかし、タブレットに入力する手間すらなくしてしまいたい。そこで音声認識を導入した。フロントロボットの前に立つと、センサーが感知して「お名前をお願いします」としゃべる。そこでマイクに向かって自分の名前を言うと、予約時に登録した情報がタブレットに表示される。問題なければ電子ペンでタブレットにサインする。書くのはサインだけだ。これが第3弾の進化だった。

音声認識を導入したのはホテル業界初だが、チェックインの時間が劇的に短くなった。名前を言って、確認してサインするだけだから、数十秒で終わってしまう。ここまでチェックインが速いホテルは世界に存在しないだろう。

パスポートをかざすだけ

フロントロボットの言語対応は、当初は日本語と英語だけだったが、いまでは韓国語と中国語も含めた4言語に対応している。

ただし、音声認識は日本語だけである。技術的には多言語化が可能なのに、やっていないのは、その必要がないからだ。外国人の場合、パスポートで本人確認ができてしまうからである。

旅館業法では、外国籍の方を宿泊させる場合、パスポートのコピーをとることが義務づけられている。ロボットにコピー取りはできないので、当初は外国籍の宿泊者がいらっしゃるたびにスタッフが出ていき、パスポートをお預かりしてコピーしていた。

日本人のチェックインはどんどん速くなったのに、外国人のチェックインは時間がかかるままだった。時間がかかるというのは、従業員の生産性も下がるということだ。解決の必要がある。

パスポートリーダーでスキャンして電子情報として保存しておけば、必要なときにいつでも印刷できる。

お客様はパスポートの顔写真が載ったページをパスポートリーダーにかざす。名前を文字解析して、予約時に入れた宿泊者情報がタブレットに提示されるので、電子ペンでサイン。これなら数分で終わる。

ただ、ややこしいのは、外国人でも日本在住者の場合、パスポート提示の必要がないことだ。この見極めが難しかった。

英語が話せるお客様なら、まだスタッフも対応できるが、韓国語や中国語などしか話せないお客様だと混乱が生じる。こちらは「外国人はパスポートを提示する義務がある」と伝えたい。先方は「たしかに外国人ではあるが、いまは日本に住んでいるので提示の義務はない」と伝えたい。ところが、言葉が通じないから、時間ばかりが過ぎていく。そんなこともあった。

そこで、画面で「日本に住んでいるかどうか」を選んでもらうことにすると、問題はたちまち解決した。

つまり、こういう形だ。まずはタブレットで使用言語を選ぶ。日本語を選んだ人は、音声認識へ進む。英語・中国語・韓国語を選んだ人は、次に日本に住んでいるかどうかを選ぶ。住んでいない人はパスポートをかざす。住んでいる人は名前を入力する。こういう手順で進むわけだ。

面白いことに、「変なホテル」は外国人の方のほうが喜んでくださる。日本旅館の「おもてなし」に慣れた日本人のなかには、人間の出迎えさえないホテルが味気ないと感じる人もいる。ところが、海外では最小限のサービスがスタンダードで、なるべく宿泊者に干渉しないようにする。外国人のほうが慣れているわけだ。

最初から「おもてなし」を期待しないので、失望がない。そのぶん働くロボットの魅力に目がいく。「こんなクールなホテルは見たことがない」と言ってくださる方も多い。

無人ホテルへの道

技術を応用すれば、顔認証でチェックインすることだって可能だろう。2度目以降のお客様は顔パスの世界だ。チェックインなんて5秒もかからない。初めて宿泊される方でも、事前にスマホから顔の画像を送っておけば、同じことが可能だ。

もちろん、プライバシーの問題があるので、こちらから一律に導入するというわけにはいかない。チェックインからチェックアウトまで一度もスタッフに会わない、つまりプライバシーが完全に守られるという部分で、「変なホテル」を気に入っていただいているお客様もいるからだ。

その一方で、便利さのほうを優先したいお客様もいるだろう。そこで顔認証チェックインをご希望のお客様だけには対応するとか、研究を続けている。

そうなると、もうチェックインレスの時代になる。フロントの前を通りすぎるだけでいい。部屋番号もスマホに送られてくるから、その部屋に向かうと、また顔を見ただけで鍵を開けてくれる。ここまできたら、フロントのロボットさえ不要になる。

チェックインレス——。たしかに便利ではあるのだが、それでお客様に喜んでいただけるのだろうか？　私はなんだか味気ない気がする。何事もバランスが肝心で、「あまりやりすぎるな。愛嬌《あいきょう》がなくなるじゃないか」と言っている。

タブレットだって改良の余地はまだまだある。空中の何もないところに画面が見えて、そこで操作する技術の開発も進んでいる。タブレットという物質がないのだから、ここまでくると、かなり未来的だ。これはまもなく実現できるだろう。

「変なホテル」はいま現在も進化を続けている。いずれは無人ホテルも可能になるだろう。一つの中央コントロールルームで、すべてのホテルを管理すればいいのだ。完全無人になれば人件費はゼロ。ホテル代はさらに安くなる。

お客様が必要とされるときは、いつでも人間を呼び出せる。空中の画面に現れるわけだが、遠くのコントロールルーム（外国にあるのかもしれない）にいるのに、まるでそこにいるように感じられる技術も開発されるだろう。

もちろん、お客様の安全が第一だ。火事や地震のような緊急事態が起きたり、お客様が体調を崩されたりしたときは、すぐに人間が駆けつける必要がある。警備サービス会社と組んで、フロントに人間がいた場合と同じぐらいのスピードで駆けつけられないか研究している。

これがホテル革命だ

ここまでの説明で、「変なホテル」の生産性がいかに高いか理解していただけたと思う。コストはどんどん減っている。いずれ宿泊代5000円でも利益が出るようになると確信している。このクオリティでこの値段なら、競争力は圧倒的だ。

オリジナル商品を開発しては、自販機で売っている。売店を作らず自販機で売るのは、もちろん人件費カットのためだ。人気が高いのは「変なカレー」で、お土産に買って帰る人が多い。黒練りゴマを入れたレトルトカレーで、パッケージにはフロントの恐竜型ロボットの写真。

２０１７年の秋には、１号店の共用棟にロボットバーがオープンする。これも人件費がかからないから、かなり安い値段設定にしても利益が出るはずだ。人間のいないところでロボットが稼いでくれる。

こうして宿泊代以外の部分で稼ぐシステムが整えば、何が起こるか？　冗談のような話だが、「宿泊費タダ」のホテルができる。そのシステムから上がる利益が、諸経費より多くなればいいのだから、理論的には可能だ。タダだと批判を浴びそうだから、部屋代２００円ぐらいはいただくかもしれないが。

生産性を極限まで高める。その先に待っているのは、われわれが予想もしていなかった世界だ。「変なホテル」は、これまでのホテル業界の常識を覆す、まったく新しいビジネスモデルなのである。

１号店は１４４室で、年間3～5億円の利益を出している。１００室のホテルでも、少なく見積もって2億〜3億円は利益が出るはずだ。3〜5年で100店舗に増やすので、200億〜300億円の利益。それをまたロボットの研究開発に回すから、どんどん人件費は減り、さらに宿泊代を下げられる。

世界に先行して始めているし、観光ビジネス都市ではノウハウ蓄積のスピードが圧倒的に速いので、後発組は追いつけない。

直営だけでなくフランチャイズ化も考えているので、出店スピードはさらに加速するだろう。500店舗、1000店舗まで増える頃には、本当に無人ホテルやタダのホテルが実現しているかもしれない。もうホテル革命だ。

もちろん人間のサービスのほうがいいという人もいるだろう。私も五ツ星ホテルに関しては、人間による高品質なサービスが不可欠だと考えている。ハウステンボスでも、ホテルヨーロッパに対してロボット化は求めない。

しかし、「変なホテル」のような三ツ星ホテル、四ツ星ホテルに関しては、10年以内に大半がロボットホテルに置き替わっていくのではないか?

人口の多いアジアで海外旅行ブームが起きたことで、世界的にはホテルの部屋数が足りなくなってきている。伸び盛りの分野なのだ。だからエイチ・アイ・エスはこの分野に力を注ぐ。海外での展開のほうが多くなるが、おそらくうちが作るホテルの7割がたは「変なホテル」になるだろう。

世界初の移動するホテル

実はロボットホテル以外にも、新しいホテルの構想はある。いま開発中で、数年以内にデビューさせるのが水上ホテルだ。強化プラスチックで作ったカプセル状のホテルで、4人ぐらいが泊まれる。

大村湾に長島という離島を買い、ハウステンボスの飛び地にしたのだが、その離島との往復に使うことを考えている。モーターボートなら20分程度の距離を、一晩かけてゆっくりゆっくり進む。ゆっくり進むから揺れは感じず、ぐっすり眠れる。朝起きたら、離島に着いている、という寸法だ。

この水上ホテルがどう発展していくかまだ読めないが、世界初の「移動するホテル」である以上、話題になるはずだ。こうした技術は、いずれ深海ホテルや宇宙ホテルに結びつくかもしれない。世界に出ていく日もあるだろう。

観光地ハウステンボスを舞台に、画期的なテクノロジーが生まれ、新しいビジネスモデルがゆえに利益を生み、世界へ出ていく。私の言う「観光ビジネス都市」のイメージが少しは伝わったのではないだろうか。

「変なホテル」はあくまでその第1号であって、あとにも続々と出てくる。ロボットもそうだろう。もちろんロボットが21世紀の産業の柱になることは、私も理解していた。でも、それが自分のビジネスになるとは考えてもいなかった。

ところが、「変なホテル」で気付いたのだ。ロボットの性能は、ハードウェア、ソフトウェア、運用の3条件で決まる。ハードウェアだけでやろうとしても、ソフトウェアだけでやろうとしても、決してうまくいかない。どこまでをロボットに任せて、どこを人間がやるべきか。それを見極める運用ノウハウが非常に重要になる。その部分ではわれわれ非メーカーにもビジネスチャンスがあるわけだ。

2017年1月にはロボットの導入支援や研究開発を行う子会社「ハピロボST(hapi-robo st)」を設立した。ハピロボではいずれ自社開発もやる予定だ。ロボット事業は近いうちにエイチ・アイ・エスを支える事業の一つに育つだろう。

人を感動させるのが自分の仕事だと、私は思っている。どうやればお客様が感動してくださるか、必死になって考える。感動させるには、誰もやっていないことをやる必要がある。お客様が見たこともないもの、見たら誰かに話したくなるようなことを。それはテーマパーク事業でも旅行事業でもホテル事業でもロボット事業でも、どの仕事であっても同じだ。人間の仕事は創造的であるべきなのだ。

創造的に考える以外に、人間にしかできない仕事があるとしたら、人間をマネジメントすることぐらいではないか？　あとの単純作業は人工知能に奪われてもいい。人間にしかできない仕事は必ず残るのだから、恐れる心配はないと思う。

いずれにせよ、ハウステンボスでの経験があったからこそ、こんな発想が生まれてきたのである。私自身、変わったということだ。そもそもハウステンボスがなければ、観光ビジネス都市なんてことは考えなかったのだから。

第4章　なぜエネルギー事業なのか

エネルギーを外に売る

4本の柱のうち、ホテルとロボットについては前章で見た。本章では、なぜエネルギーと農業（植物工場）を有望視するのか説明したい。

ハウステンボスは創業当初から「エコシティ」を目指してきた。

下水は浄化して、園内の散水やトイレなどで使われる。たとえ海に流す場合でも、徹底的に浄化してから流すので、「ハウステンボスの廃水は大村湾の海水よりきれいだ」とは、当時よく言われたことだ。

エネルギーについても同様で、ガスを利用した「コージェネレーションシステム」は、先進的な技術だと話題を呼んだ。園内にはガスによる発電設備があるが、そのときに出る廃熱で作った蒸気で給湯する。無駄を出さず、徹底的にガスを有効利用するシステムである。

その後、創業者が退いて経営者が次々と変わっても、基本的にこのコンセプトは受け継がれてきた。太陽光発電も早く取り入れたし、2007年には経済産業省・資源エネルギー庁より「長崎次世代エネルギーパーク」に認定されている。

ただ、これらはあくまでハウステンボスのエコシティ化であって、再生可能エネルギーを園外に向けて売っていこうという発想はなかった。エネルギー事業ということは考えなかったわけだ。

私はいま、太陽光、地熱、水力、バイオマスなどで作ったクリーンエネルギーを、日本全国に提供しようとしている。将来的には、そのシステムを世界に売るつもりだ。では、なぜ、そんな考えに至ったのだろうか。

背景には、「まえがき」でも書いたように、「旅行業は平和産業である」という信念がある。少しでも安くエネルギーを提供できれば、世界から戦争はなくなる。それが再生可能エネルギーなら、貧しくて化石燃料が買えない国でも自給できる。

だから、「世界一、生産性の高い発電システム」を作って、世界に売っていくべきだという思いはずっとあった。ようやく足を踏み出す環境が整ったということだ。

メガソーラーで売電

環境が整ったというのは、2011年の原発事故のあと、国のエネルギー政策が大きく変わったことを指している。

まずは2012年7月に「再生可能エネルギー特別措置法」が施行された。再生可能エネルギーで作った電力を、国の定める値段で電力会社が一定期間買い取ることを義務づけた法律である。

うちでもこの制度を利用して、エネルギー事業を始めてみようと考えた。そこで巨大な太陽光発電所を作った。

ハウステンボスから北西に2キロほど離れた場所に、2万7000平方メートルもの巨大な遊休地があった。創業前のハウステンボスは入場者4000万人を想定していたから、園外のかなり離れた場所にも臨時駐車場を用意していたのである。それがほとんど使われないまま遊休地化していた。

この駐車場跡地に8400枚もの太陽光パネルを並べた。発電能力は2・1メガワットにもなる。いわゆるメガソーラーだ。2013年8月から運転を開始した（これが最大規模のもので、ほかにも太陽光発電所は作った）。

ハウステンボス内にガスの発電機はあるが、夏場の電力ピーク時にしか使っていない。基本的に電力は買っている。屋根の上に太陽光パネルを置いた建物もあるが、ハウステンボス全体の電力をまかなうには、とうてい足りない。つまり、ハウステンボスのエネルギー自給率は高いとは言えない。

そういう意味では、このメガソーラーを使ってハウステンボスのエネルギー自給率を上げる手もあったわけだが、売電を選んだ。

メガソーラーの電気は九州電力に売り、ハウステンボスで使う電力は九州電力から買う。おかしな話のようだが、売電の経験を積んでおきたかったし、こちらのほうが投資採算はいい。国が定める買取価格は、少し高めに設定されていたからだ。

これは経営者としては当然の判断である。エネルギー自給とかエコシティ化そのものを目的にするのは、おかしなことだ。ビジネスの目的はお金を稼ぐことにあるのだから。お金を稼いだあとで、そのお金を世のため人のために使えばいい。

新しい技術を開発するには、当然、お金がかかる。民間企業がそのお金を用意するには、稼ぐしかない。いずれ社会に還元するつもりで、この制度を利用することにした。

素人の強みが生かされた

続いて2015年2月、スマートエナジー社と合弁で「HTBエナジー」という新電力会社を立ち上げた。

ハウステンボスでは年間8億円ものエネルギー代がかかる。これを減らせないか？その夏、試験的にＨＴＢエナジーに供給させてみたところ、電気代を大きく減らせることがわかった。ここで「エネルギー事業はいける！」と確信した。

そうこうするうち、電力の小売り全面自由化が近づいてきた。これまでは電力会社しか一般家庭に電気を売れなかったが、２０１６年4月からは誰でも売れるようになる。国の政策が大きく変わるチャンスを逃してはいけない。

私はＨＴＢエナジーに、自由化のスタート時から参入するよう指示を出した。エイチ・アイ・エスは国内に３００近い店舗を構えているから、そこで営業すれば全国展開も可能だと考えた。いきなり全国展開と聞いて、彼らは驚いていたが、ビジネスにおいて絶対に不可能なことなんてない。

ただ、私が指示を出したのが２０１５年の秋。自由化のスタートまで半年しかなかった。新電力会社の支援を行っているコールセンターに連絡したところ、どこも対応が非常に冷たかったという。

「どこの会社も準備に2年ぐらいかけられてますよ。頑張っても1年半ないと無理でしょう。半年なんて絶対に不可能です」

大半はそんな反応だったらしい。でも、そこは素人軍団の強み。結局、半年でやり遂げてしまった。

ＨＴＢエナジーには、地熱発電を研究していた人間が一人いるが、それ以外の全員がエネルギーの素人。しかも、小売り経験者もいなかった。ハウステンボスに、かつて営業マンとして光通信で携帯電話を売っていた社員がいると聞き、「ヘッドハンティング」したぐらいだ。ただ、今回も素人の強みが生かされた。

あとになって考えれば、エネルギーのプロなんて人間はどこにもいなかったのだ。初めて電力会社でなくても電力を売れるようになったわけで、あの時点で電力小売りの経験があるのは電力会社の社員だけだった。しかし、安定した電力会社を辞めるような人間はいなかったのである。

まずは顧客の確保を急ぐ

当然ながら、電力自由化に参入した時点で、ＨＴＢエナジーに発電設備はほとんどない。多くの新電力会社と同様、余剰電力を卸売市場で安く買ってきて、小幅に利益を乗せて売るというビジネスモデルだった。

それでも自由化のタイミングでの参入を急いだのは、まずは販売網を作っておきたかったからである。発電所の建設には何百億円とかかるので、その前に一定規模の顧客を押さえておく必要があった。売り先さえ決まっていれば、発電設備はあとからいくらでも作れる。その間に生産性の高い発電設備の研究もできる。

日本には全部で５３００万の世帯があるが、このうち１割が電力会社を切り替えただけでも５３０万世帯。すさまじい数だ。そう何度も電力会社を切り替えるものでもないだろうから、スタートダッシュが勝負だと考えた。最初に切り替えるのは意識の高い層だろうから、ここを取り込むことで宣伝効果もある。

この判断が正解だった。２０１７年夏の時点で、一般家庭6万世帯と、法人４００社の契約がとれた。とりあえずの目標は30万世帯なので先は長いが、まだまだ契約数は伸び続けている。

ＨＴＢエナジーの２０１６年9月期の売上高は6億円弱だったが、２０１７年9月期の売上高は50億円を予定している。すぐ１００億円を超えていくはずだ。まさに伸び盛りの産業分野ということだ。

実は初めから全国展開をやった新電力会社は、われわれしかなかった。どの新電力も地域単位で、しかも「様子を見ながら徐々に」という雰囲気だった。うちはエイチ・アイ・エスの全国の店舗でガツガツ営業したことが奏功した。

ＨＴＢはハウステンボスの略だから、九州を中心に電気を売っているイメージをもたれた読者も多いのではないか？　たしかにハウステンボス発祥ではあるのだが、契約に関してはそうではない。

もっとも契約数が多いのは東京で、九州の5倍近くある。関西でも、九州の倍以上だ。東京の場合、東京電力へのアレルギーが強かったことが、健闘の原因だろう。大阪の場合、もともと関西電力と大阪ガスが激しく競争していた土地で、電力会社を乗り換えることへの違和感がなかったのだと思う。

ほかのエリアで九州より契約数が多いのは、中部。当初、東京や関西のように熾烈な競争はなく、本気で顧客を奪い合う雰囲気がなかった。いまでは厳しい競争が始まったが、当初の様子見のあいだに顧客を獲得できた。名古屋の人は保守的だというが、意外にも多くの家庭がＨＴＢエナジーに切り替えてくださった。

地熱発電は新時代へ

まずは顧客を確保したから、次は発電設備の準備だ。とはいえ、よそと同じことをやっても仕方がない。世界一、生産性の高い発電システムを研究中だ。

福島の原発事故を見たあとだけに、「もう原発に頼らない」という気持ちが強かった。どうしても再生可能エネルギーでいきたかった。ただ、どの再生可能エネルギーが有望なのか、素人だからわからない。ならば、実験あるのみだ。

太陽光発電以外も検討している。大分県では地熱発電の研究をやっているし、宮城県ではバイオマス発電の研究をスタートさせた（研究とはいえ、実際に電気は発生するので、売電収入は得られている）。

太陽光発電は、太陽がのぼっているあいだしか発電できない。しかも天候に左右される。地熱発電のほうが安定的に電力を供給できるのだ。ただ、問題があって、地熱発電が可能な場所は多くが自然公園の中にあって許可が下りないし、大型の発電設備を作ろうと思うと10年ぐらいかかってしまう。

ところが最近、小型の地熱発電機の技術が進んできた。温泉地のボコボコと蒸気が噴き出ているような場所にセットすれば、小規模ながら発電できる。これなら場所の問題も時間の問題もクリアできる。

コストが下げられる可能性があるなら、どんなことでも先入観をもたずに試してみる。ここまで見てきたのと同じことをエネルギーでもやっていく。

価格破壊の条件

HTBエナジーは、大手電力会社の電気料金より5パーセント安いことを売りにしている。これが消費者の心をつかんだ。どこで買っても電気には品質に違いがないので、やはり価格が判断基準になる。

なぜ安くできるのか？　まずは卸売市場で1パーセントでも安く仕入れること。さらに申し込みをインターネットに限定するとか、宣伝を打たないとか、経費を極力削っていること。HTBエナジーの社員は増えたといっても50人程度しかいないので、1万人を超える社員を抱える大手電力会社より人件費もかからない。

ここで「おやっ？」と思われた読者がいるかもしれない。「たった5パーセントなの？」と。たしかに価格破壊が私の得意とするところで、格安航空券でもスカイマークでも他社の半額の値段を打ち出した。価格の面では圧倒的な競争力があったし、そこまで安くできる競合他社も存在しなかった。

電力に関しては、競合が多いうえに、価格面でも5パーセントの差しかない。これまでの闘い方とはずいぶん違う。ただ、卸売市場で仕入れているようでは、これが限界なのだ。

もちろん、将来的には、電力でも価格破壊を考えている。そのための画期的な技術も開発中だ。

例えば、太陽光発電フィルムの開発を急いでいる。フィルム状になっていて、シールのようにどこにでも貼れる太陽電池だ。

実は太陽光発電のコストというのは、半分以上が施工費だ。太陽光パネルは重いので、架台で屋根にしっかり取りつけないと危険だ。硬いパネルだから、製造コストも高い。しかも、うちが巨大駐車場跡地を使ったように、場所をとるから土地代もかかる。だから「補助金がないと太陽光発電は成立しない」と言われるのだ。

一方、フィルム型だと、どこにでも貼れる。屋根はもちろん、壁でもいいし、パソコンでも携帯電話でも、どこにでも貼って発電することができる。施工費はほぼゼロだし、土地代もかからない。しかも、フィルムだから製造コストが安い。劇的にコストを下げられるわけだ。

２０１８年７月にオープンする「変なホテル」１号店の３期棟では、この太陽光発電フィルムと、新型蓄電池の組み合わせで、すべての電力を供給する予定だ。蓄電池については多くを語れないのだが、Ｈ２Ｏｎｅの水素電池よりははるかに安い高性能蓄電池だとだけ言っておこう。設備投資が１年ぐらいで回収できる蓄電池でないと、実用には向かない。こちらはコスト的に十分、現実的な技術だ。

太陽光発電フィルムと新型蓄電池の組み合わせが成功すれば、間違いなく世界から脚光を浴びるだろう。このシステムは世界に売れる。エネルギー事業は、ホテル事業より稼ぐようになるかもしれない。

画期的な技術革新があれば、価格破壊の日もグッと近づく。世界でもっとも生産性の高い発電システムなら、価格面での競争力が圧倒的になるからだ。

ただし、フィルムを貼るだけで誰でも発電できる時代になれば、もはや電力会社は必要なくなる。それぞれの人が、それぞれ使う場所で発電すればいいのだから。そうなれば、ＨＴＢエナジーの仕事も電力の供給から、家庭向け電力ソリューションの提供に変わるのかもしれない。

天然ガスでも小売業者に

都市ガスについても、２０１７年４月から小売りが全面自由化されたので、経産省へ小売業者の登録を行った。

ガスは化石燃料ではあるものの、石炭や石油より二酸化炭素の排出量が少ない。太陽光のように天候に左右されることもない。だから、ハウステンボスの発電設備は創業以来、ガスだった。

ハウステンボスで使用するガスはこれまで地元の都市ガス会社から買っていたが、これを自前で手配する実験を始めた。ＨＴＢエナジーで液化天然ガス（ＬＮＧ）を仕入れ、タンクローリーで運んで、ガス化して園内に提供するのだ。

電力と違い、いきなり一般家庭への小売りを考えないのは、条件が違うからだ。電気の場合、全国の電線がつながっている。一方、全国のガス管はつながっているわけではないから、供給地にガスタンクを用意するなど、いろいろ大変なのだ。まあ、参入障壁が高いぶん競合は少なく、チャンスがあるとも言えるのだが。

全国に供給するとなると、各地に自前のガスタンクをもつか、大手業者のタンクを借りることになる。

仕入れの問題も検討すべきだろう。ガス火力発電はコストの8割が燃料代なので、安く仕入れることができれば、大きなアドバンテージになる。でも、例えば200億円を出してタンカーを買って自分たちで運ぶ場合、大型のガス火力発電所を三つぐらい保有していないと投資が回収しにくい。そこまでやるメリットはあるのか？

そうした問題を検討するために、とりあえず「実験場」ハウステンボスでテストしてみるのだ。2016年8月にハウステンボスにガスタンクを設置したので、仕入れの問題だけ考えればいい。最終的にどういう結論になるかは見えないが、もちろん全国に都市ガスを供給する可能性は否定しない。

世界一、生産性の高い植物工場

最後に農業の問題にも触れておこう。戦争は旅行業者の敵である。戦争の原因は、主にエネルギーの奪い合いと、食糧の奪い合いだから、食糧の問題も解決しておかないといけない。

世界の人口は爆発的に増えている。あと20～30年もすれば、食糧不足が人類の現実

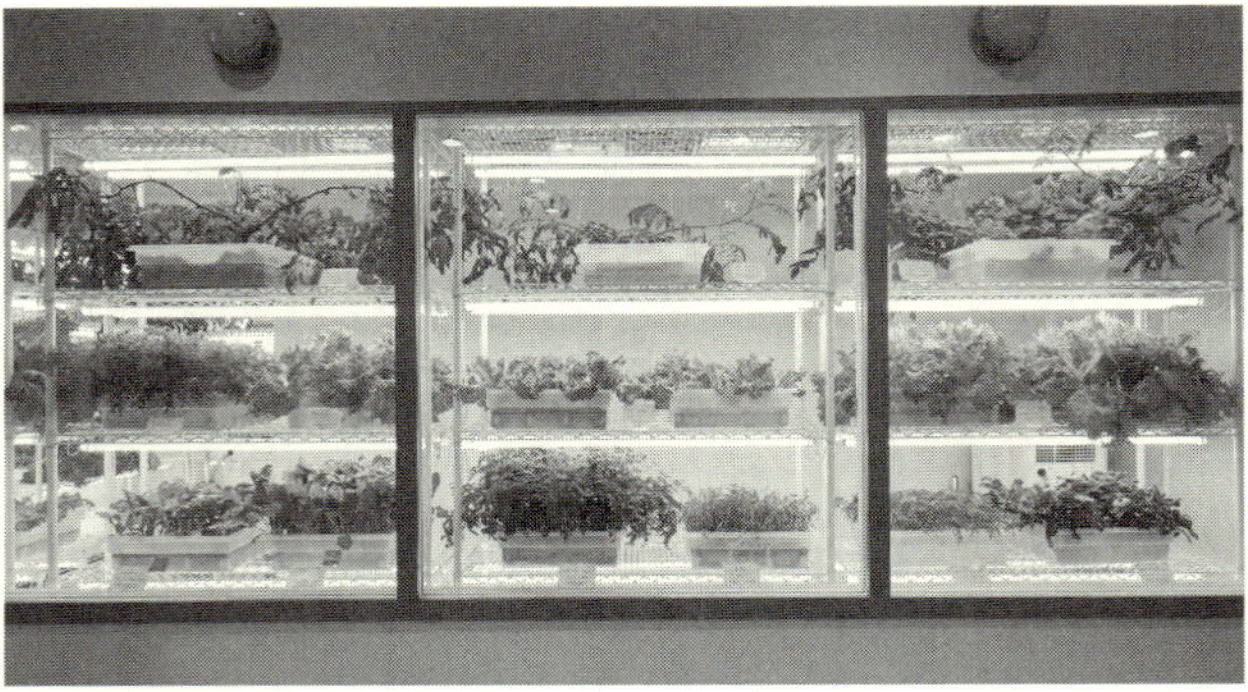

健康レストランAURAにある植物工場

的な問題として浮上してくるだろう。温暖化や寒冷化など、地球レベルでの環境変化があれば、事態はさらに深刻になる。

ここで問題は、農地に適した土地は限られているということだ。砂漠や寒冷地、日照の少ない場所など、農業に適さない土地でも作物がとれるようにしないと、人口爆発に追いつかない。ならばテクノロジーの力を借りるしかない。植物工場である。

土を使わず、肥料を溶かした水溶液で栽培する栽培法だ。ビニールハウスみたいに太陽光で栽培する場合もあるし、工場のように人口光で栽培する場合もある。閉鎖空間で栽培するため、害虫被害はないし、土を感染源とする病気にかかることもない。だから無農薬で栽培できる。

植物工場では、野菜に最適な光量、温度、湿度、二酸化炭素濃度などをコンピュータ管理するので、通常の露地栽培よりはるかに効率がいい。成長スピードは速いし、収穫量も多い。消費地である都会のビルで栽培すれば、輸送費だって劇的に減る（それはエネルギー消費量も少なくていいことを意味している）。

ただ、難点は、工場だから建築費用やメンテナンス費用がかかるし、光熱費もバカにならないという点にある。だから、いまはリーフレタスやハーブ類など、栽培コストに見合う高価な野菜しか作られていない。いろんな企業が植物工場に参入しているが、露地栽培を覆すほどの流れにならない理由はそこにある。遊休施設を植物工場に転換したのに、すでに撤退してしまったメーカーも多い。

でも、「変なホテル」のように建築コストを減らし、ロボットを使うことでメンテナンス費用や人件費を抑え、さきほど紹介したように電気代を劇的に安くすることができたら、どうだろうか？　コストが抑えられたら、植物工場の可能性は大きく広がる。まさに「世界一、生産性の高い植物工場」だ。

農業は人手がかかるぶん、自動化の余地が無限にある。ロボットが種をまき、ロボットが成長を見守り、ロボットが収穫する。当然、野菜の値段は安くなる。そんなシステムが作り上げられたら、国内はもちろん、世界に売れる。

現時点で、園内の「健康レストランAURA《オーラ》」に小さな植物工場がある。水を吸う特殊なセラミックに種を植え、人工光で育てている。リーフ類やミニトマトなど、このレストランで使う野菜はここで作っている。

もっと巨大な植物工場をハウステンボスの園内に建築予定で、園内で使う野菜を提供しながら、実験を重ねていくつもりだ。このプロジェクトはまだ走り出したばかりだが、いずれは大きな事業に育つだろう。

これからのエイチ・アイ・エス・グループを引っ張る「4本の柱」は、いずれも伸びしろが大きい。これから5年以内に、旅行業の利益を軽く抜き去ってしまう事業も出てくるだろう。

ホテル事業もロボット事業もエネルギー事業も農業も、基本的な発想は同じだ。どの事業でも「世界一、生産性の高い」というフレーズを冠したが、技術革新があれば大きく変わり得る分野だということ。生産性を極限まで高めて、圧倒的な競争力をもつことこそ、企業の生き残る道であり、人類の未来に貢献する道なのだ。

第5章　旅行業の未来

総合旅行会社は消えていく

ここまで伸び盛りの「4本の柱」について見てきたが、最後に旅行業の未来についても語っておこう。

いま旅行業界には大きな地殻変動が起きている。私は1980年にインターナショナルツアーズを設立し、日本に格安航空券を紹介した。日本の旅行業界に新しいマーケットを作ったと自負している。

それから37年。もはやそのビジネスモデルが通用しないほど、旅行業は変わってきている。新しいビジネスモデルが必要なのだ。

この変化については、二つの視点から説明するとわかりやすいだろう。一つは、旅行代理店の役割の変化。もう一つは、インバウンドとアウトバウンドだ。

まずは前者から。FIT（海外個人旅行）とかOTA（オンライン旅行代理店）とかいう用語を聞いたことがあるだろうか？　FITやOTAの急増が、旧来の旅行代理店を大きく揺さぶっている。

FITというのは、航空券でもホテルでも、何でも自分で手配してしまうこと。

そういう意味ではFITは昔からあったし、私が大学時代に世界50ヵ国を回ったときも、FITをやっていた。ただ、かつてのFITは難易度が高かったのである。海外の情報はそんなに入ってこなかったから、とりあえず現地に出かけて、行き当たりばったりに行動するしかなかった。旅慣れた人がやることだった。

ところが、インターネットの登場が、FITの垣根を下げた。いまや海外のローカルな都市の鉄道の時刻表まで、日本にいながら見ることができてしまう。飛行機のチケットやホテルの予約もネットでできる。価格の比較サイトが登場したことにより、どこでチケットを買うのが一番安いかまで一目瞭然だ。情報の量も質も桁違いなのだ。

さらにスマホが登場した。スマホがあれば、その場でネットに接続できる。とりあえず海外に出かけたあと、現地で思いついたままに動ける。事前に調べなくても、もっとも近いルートで、もっとも安いチケットを手配することが可能だ。かつての「旅の達人」たちも、ここまで賢い旅はできなかった。

しかも、これが日本だけの話ではない。いまやアフリカにおいてもスマホは普及している。全世界の人たちが、スマートに旅をするようになったのだ。

個人旅行者は自分で航空券を手配し、自分でホテルを予約する。旅行代理店に頼らない。中抜きされる旅行代理店にとっては受難の時代だ。昔のままの「総合旅行会社」は消えていくだろう。

時代の変化に合わせて、旅行代理店も変わっていかなければならない。

ここ数年、訪日外国人消費が騒がれているが、実は団体旅行は減り、全体にＦＩＴ化してきている。インバウンドは意外と儲からないのだ。

だから何か工夫が必要になる。例えばエイチ・アイ・エスでは、日帰りバスツアーや宿泊バスツアーを企画している。ＦＩＴで入国した外国人も、バスツアーに参加すれば一時的に団体旅行化する。こういう工夫をしてはじめて儲かるわけだ。

それでも実店舗は必要だ

一方、ＯＴＡとは、楽天トラベルやエクスペディア、じゃらんなど、実店舗をもたずにインターネット上だけで営業する旅行代理店のことである。これも既存の旅行代理店を悩ませる存在だ。

わざわざ店舗に出かけなくても、簡単に旅の手配ができる。特に楽天ポイントを貯めているような人にとってみれば、旅行の手配も楽天トラベルで、となって当然だろう。実際、ＯＴＡは二桁成長している。

エイチ・アイ・エスでもインターネット販売には力を入れているのだが、まだまだ弱い。実店舗と両輪の体制を整えるのが、喫緊の課題だ。

では、ＯＴＡがあるから実店舗はもう必要ないのかと言えば、そんなことはない。ＯＴＡにはできないことも多いからだ。

例えば、海外で災害やテロに巻き込まれたとか、政変が起きたとか、盗難にあったというケース。トラブル時に現地に支店があって、自分と同じ言葉を話す人がいてケアしてくれると、安心感が違う。最新の情報もそこに行けばもらえる。旅行者情報はパソコンで日本と共有しているから、問題解決もスムーズに進む。そういう意味で実店舗の存在意義はなくならない。

ＯＴＡに負けない、魅力的な商品を提供することも重要だろう。便利さや安さで負けても、「そこにしかない商品」があれば、お客様はやってくる。ハウステンボスで見たオンリーワン、ナンバーワンだ。

実はエイチ・アイ・エスは宇宙旅行を実現しようとしている。ベンチャー企業へ投資して技術実験を繰り返しており、２０２３年中には商業運航を開始するつもりだ。

さすがにこうした旅行商品はＯＴＡでは扱っていない。宇宙旅行だけでなく、宇宙輸送もビジネスになる時代がやってくる。

ハワイ旅行専門店の売上が伸びているのもヒントになる。ハワイに特化しているから、そこに行けば、よそでは手に入らないような商品や情報がある。オンリーワンだから人が集まる。その結果、かつては6万〜7万円だったハワイ旅行の客単価が、いまや20万円まで上がってきている。

時代が変わったのだから、自分を変えるしかない。完全にＯＴＡ化するつもりがないのであれば、「ならば自分たちに何ができるか？」「ＯＴＡにはできない自分たちの強みは何か？」と問うべきなのだ。

世界の需要を取り込む

次に、二つ目の視点について説明しよう。インバウンドとアウトバウンドだ。

インバウンドという旅行用語も広く定着した感がある。外国人が海外旅行で日本にやってくることを指している。

小泉純一郎首相（当時）が「ビジット・ジャパン・キャンペーン」を始めた２００

3年、訪日外国人はたった520万人しかいなかった。それが2016年には2400万人まで5倍増した。政府は「2020年に4000万人」という目標を立てているが、これは十分、実現可能な数字だと思う。

この背景にあるのが世界的な海外旅行ブーム、特にアジアにおける海外旅行ブームだ。中国の人口は日本の10倍以上だし、東南アジアの人口も日本の5倍ある。彼らの5パーセントが海外旅行するだけでも、すさまじい数になるのだ。実際、需要は爆発的に伸びている。

たしかに日本の人口は減っていくが、世界に目を向ければ、はるかに大きなマーケットがある。しかも、そのマーケットは急成長している。ポイントはそれを取り込めるかどうかなのだ。いま求められているのは、「日本のエイチ・アイ・エス」を「世界のエイチ・アイ・エス」に脱皮させることだ。

だから海外支店をどんどん増やしてきた。2017年の秋現在で、日本以外の68ヵ国155都市に272の拠点を構えている。

特に力を入れてきたのがアジアだ。早くから進出しているタイのスタッフは、400〜500人もいる。ベトナムにも300〜400人。インドネシアは600〜700

0人だが、二桁のパーセンテージで伸びているので、近いうちに1000人になるだろう。インドネシアの人口は日本を上回るからである。

出店している68ヵ国のすべてでトップになるのは難しいだろうが、アジア各国では、それぞれの国でナンバーワン旅行代理店になることを目指している。

海外支店の役割が変わる

かつての海外支店は、日本から送り出したお客様を現地でケアするのが仕事だった。日本人のためにホテルを予約したり、チケットを手配したり、現地を案内したりしていたのだ。いまの海外支店では、むしろ現地のお客様を日本に送り出す仕事のほうがメインになってきている。

もちろん、例えばタイなら、タイ人のお客様をヨーロッパに送るお手伝いもする。ただ、タイの方が日本に来ていただけるなら、日本で観光バスを手配したり、ホテルを手配したりと、国内業務の売上増にもつながる。タイにいるときから日本を出るときまで、ずっと面倒を見られればOTAに負けない。

海外支店の新しい役割ということでは、「グローバルプチ商社サービス」も始めた。

日本の中小企業やベンチャー企業が海外に進出するとき、エイチ・アイ・エスの現地支店で面倒を見るのである。

役所への各種申請のお手伝いもやれば、調査や販売支援もやる。その国をよく知る現地人で、しかも日本語を話せたら、こんなに心強いことはないはずだ。これもOTAにはできないサービスである。

世界の需要を取り込むために海外支店を増やし、OTAにはできないサービスを提供する。それが生き残りの道だ。

つまり、特に海外においては、実店舗を増やす必要がある。だから、旅行会社のM&Aも加速させている。ヨーロッパ旅行に強い日本のミキ・ツーリストを買収したし、アメリカ旅行に強いカナダのメリットホールディングスも買収した。これらの店舗を合わせると、すでに進出国数は世界一、拠点数においても世界有数の旅行会社と肩を並べられる数ではないかと思う。

これまでM&Aというと、先方から頼まれたものばかりだった。赤字の証券会社、経営難の銀行、赤字のテーマパーク……。今後は攻めのM&Aを展開していきたい。

アウトバウンドは厳しい

一方、厳しいのがアウトバウンド。海外に出る日本人のほうだ。

日本人の出国者数はこの20年ほど、ずっと1600万〜1700万人程度で横ばいを続けている。増える気配がまったくない。何かきっかけがないかぎり、2000万人を超えるのは難しいと思う。インバウンドの急増ぶりとは対照的である。

もちろん、大きな流れとしては人口減少がある。政府が本気になって少子高齢化対策をやらないかぎり、母集団が減っていくのだから、海外旅行者も減る。

ただ、本当に問題はそこにあるのだろうか？　私には、日本人の冒険スピリットの問題のような気がしてならない。

お隣の韓国は人口が5100万人と、日本の半分もない。ところが、出国者数は2000万人と、日本を大きく超えているのである。単純に人口比だけで考えれば、日本の海外旅行者は4000万人以上いてもおかしくない。だから人口の問題というより、意識の問題のような気がするのだ。

お金も時間もあるシニア層の海外旅行者は多い。増えているといってもいい（とはいえ、例えば団塊の世代が10年後、80代になっても海外旅行できるかといえば、体力的に難しいだろう)。

一方、若者の海外旅行はジワジワジワジワジワと減り続けている。車を買わない、タバコを吸わない、テレビを見ないなど、昔より「欲」が弱まっていると指摘されており、海外旅行についても同様だ。

テレビやインターネットで海外の映像が簡単に見られるようになったこと。ヨーロッパでもテロが頻発するようになり、親御さんが子供の海外旅行を心配されること。インバウンドという言葉が市民権を得たあたりから、日本礼賛の報道が増え、「素晴らしい日本に住んでるのに、わざわざ海外へ行かなくても」という風潮になってきていること……。原因はいろいろあるだろう。

われわれが若い頃は小田実《まこと》『何でも見てやろう』がベストセラーになり、海外個人旅行がブームになった。自分の知らない世界へ足を踏み入れることにワクワクした。旅に出れば失敗の連続だが、それで学ぶことも多かった。こうした好奇心やチャレンジ精神がいまの若者に失われているとしたら、心配なことだ。

将棋の藤井聡太四段というスターが登場したことで、特に小学生の将棋人口が増えているという。彼の存在が将棋のイメージを変えたのだろう。同じように、海外旅行のイメージを変える何かが必要だ。私の世代にとっての『何でも見てやろう』のような存在。旅行業界として何かできないか、考えているところだ。

世界に出たから見えたことがある

インバウンドが増えれば日本経済が潤うが、アウトバウンドが増えたって、べつに日本は潤わない。澤田は旅行業界の人間だから、アウトバウンドを増やしたいだけなんじゃないか——。

もちろんそうだ。私がステークホルダーであることは否定しない。しかし、私が旅行業界の人間でなかったとしても、若い人には「海外へ出ろ」と強くすすめるだろう。自分が成長するチャンスを逃してしまうのは、もったいない。

私は大阪の工業高校を出たあと、アルバイトで学資金を貯め、西ドイツに渡り、マインツ大学経済学部で学んだ。その間、世界50ヵ国以上を旅行した。ソフトバンクの孫正義さんだって高校でアメリカに渡り、向こうの大学で勉強した。そうして海外で刺激を受けた人たちが日本に戻ってベンチャー企業を立ち上げたのだ。

どこにでも飛び込んでいくようなチャレンジ精神が失われると、日本の将来は暗いと思う。どこかで痛い目にあうはずだ。

ビジネス面に限っても、いろいろ刺激を受けた。格安航空券だって、ヨーロッパで初めてその存在を知ったのだ。私が留学していなかったら、エイチ・アイ・エスは生まれていなかった。

高校を卒業したのは1969年。大学紛争のピークで、東大入試が中止になった年だ。日本では落ち着いて大学生活を送れそうにない。かといって、留学はまだ珍しかった。行くとしてもアメリカやイギリスだった。私が西ドイツを選んだのは、生来の天邪鬼《あまのじゃく》だからだろう。皆が右に行けば、左に行きたくなる。

まだ海外旅行は珍しく、情報も少なかった。飛行機は値段が高いので、安い方法を自分で探した。旧ソ連のナホトカまで船で渡り、そこからシベリア鉄道に乗るのがもっとも安いとわかった。

ヨーロッパに住んでみると、発見の連続だった。初めて外から日本をながめたわけで、日本についても見方が変わった。

日本は高度成長を成し遂げ、世界2位の経済大国になっていた。冷戦下、日本は自由主義陣営に属していたから、自由主義・資本主義の国だと思い込んでいた。ところが、ヨーロッパで気づいたのだ。日本は半分、社会主義国じゃないかと。いまでもそうだが、日本は行政の力が強く、規制も多い。それを実感したのだ。

当時、ヨーロッパでは経営状態の悪い銀行の預金金利は高く、絶対に潰れそうにない銀行の預金金利は安かった。今日からすると当然の話だが、当時の日本はどこの銀行も一律、同じ預金金利だったのだ。こんなおかしな話はない。

航空券だってそうだ。当時の日本では、どの航空会社も料金が同じだった。早朝の空いている時間帯でも、お昼ぐらいの混んでいる時間帯でも、料金に違いがなかった。ヨーロッパではあり得ないことだ。

当時、日本から西ドイツに行く航空券は往復70万円ぐらいした。ところが、西ドイツから日本に来るのは、往復20万円以下でも航空券がとれた。要は、日本の消費者だけが、世界的に高い料金を支払わされていたのである（海外に出る職業の人でもないかぎり、当の日本人は気づいていなかったが）。

日本はどこかおかしいんじゃないか？　どうしてすべてのルールを国が決めるんだ？　日本は半分、社会主義ではないのか？

そう問題意識をもったことが、のちのエイチ・アイ・エスにつながり、スカイマークにつながったわけだ。もちろん、後付けの説明であって、当時はビジネスのことなど考えていない。でも、ずっと日本に住んだままだったら、こんな問題意識はもたなかった。海外を体験したことがビジネスに生かされたわけだ。

海外旅行は視野を広げる

若い人に海外旅行をすすめるのは、視野を広げてくれるからだ。べつにビジネスに結びつかなくたって、人生を豊かにしてくれる。常識だと思い込んでいることが、実はそうではないと気づかせてくれる。

マインツ大学でこんなことがあった。授業で建築物の模型作りをしていたとき、あと少しで完成というところで、小さなミスが見つかった。日本であれば「あー、よかった。完成する前に発見して」と、そのミスを手直しして、完成を急ぐところだ。ところが教授は、いったん部品にバラして、ゼロから作り直せと言うのだ。

たまたまその教授が厳しい人だったのかもしれない。でも、何時間もかけて完成直前までもっていったものを、ゼロからやり直すという感覚は、日本的な合理主義からすると考えられない。ドイツ人の徹底性とはこういうものかと思った。ドイツ人が世界最高精度の自動車や機械を作るのは当然だと思った。

これがイタリアに行くと、ミスはそのまま放置で完成ということにしてしまう。そのへんはデタラメなのだ。ところが、デザインは素晴らしくいい。武骨なドイツ人が絶対に真似できないような格好いいものを作る。

どっちがいいという話ではない。両方あっていいのだ。近所の国でもこれだけ国民性が違う。「いろんな考え方や価値観があるんだよ。自分が当たり前と思っているものがすべてじゃないんだよ」と知るだけで刺激になる。

日本人からするとまったく理解不能な考え方に出会うこともある。ジブラルタル海峡を渡ってモロッコに行ったとき、街角で工芸品かなにかを作っているおじいさんと友達になった。この人は午後5時ピッタリに仕事を終えてしまう。あと10分で完成するところまでいっていたら、日本人の場合、明日の仕事を減らすために10分だけ残業するだろう。ところが、それをしない。

その理由を尋ねると、「いまやると、明日やることがなくなってしまう。明日のためにとっておく」。なんとも哲学的で、奥の深い答えだ。きちんと理解できたわけではないものの、自分とは違う価値観があるということだけは思い知った。

ネパールの山奥では、こんな経験もしている。レストランなんて存在しない村だ。村人が集まる集会所で食事をとった。食事といっても、非常に貧しい村なので、サブジと呼ばれる野菜カレーぐらいしかない。数種類のサブジが並んでいたが、どれも水っぽくて、あまりおいしいものではなかった。

ところが、どれだけ食べても3ルピーなのだ。世界のどこでも、一品いくらが当たり前である。大盛りにしたら、それだけ高くなるのも共通だろう。ところが、ここではどれだけ食べても値段が変わらない。理由を尋ねると……。

「たくさん食べた人は満足した。ちょっとしか食べなかった人も満足した。どちらも満足したのだから、同じ値段じゃないか」

頭を鈍器でガーンと殴られたようなショックを受けた。満足度で値段をはかっていたわけだ。原価はいくらで計算する世界とは違うものが、この世には存在する。われわれの感覚とはズレているだけで、この人の言い分は間違っていない。

海外旅行では、こうした体験ができる。視野が広がる。自分の考え方を相対化できる。だから、ぜひ頭の柔軟な若いうちに海外を見てほしいのだ。

失敗を責めたことはない

私は部下に厳しく結果を求める。売上高を2割増やすことを求めるし、経費を2割減らすことを求める。「これまでの1・2倍のスピードで動け」と言うし、たった半年で電力小売りに参戦しろと言う。

でも、失敗した事実そのものを責めたことはない。もちろん、なぜ失敗したか分析させるし、どうすれば成功できるか考えさせる。成功するまでの忍耐も求める。でも、私が責めるとしたら「チャレンジしない姿勢」のほうだと思う。

実は、これにも原体験がある。大学時代の海外旅行で死にかけた経験があるのだ。ネパールのカトマンズで体調がおかしくなった。それまでも旅先で病気になったことはあるが、おいしいものを食べて、しばらく寝ていれば治った。若くて体力もあるから、今回も同じだろうと旅を続けた。ところが、インドのカルカッタ（現コルカタ）へ抜けて、ビルマ（現ミャンマー）の国境を越えたところで、動けなくなってしまった。

高熱が出た。脂汗がたらたら出て、100メートルも歩けない。顔は黄色っぽいというか、茶色っぽくなった。いまから考えれば、明らかに肝炎の症状だ。カトマンズの水が悪かったのだろう。でも、当時は病気の知識もなかったし、それを教えてくれる人もいなかった。

若者にとってのご馳走《ちそう》は脂っこい食事である。そんな「贅沢《ぜいたく》な食事」をとっていればスタミナがつき、病気なんか吹き飛ばせると思い込んでいた。でも、脂は肝炎の大敵。私の食事療法は、むしろ病気を悪化させていたのだった。

這《は》うようにして、村の診療所に行った。掘っ建て小屋のような診療所にたどり着くと、長い行列ができていた。仕方がない。全身が膿《うみ》だらけでハエにたかられているような男たちと一緒に、2時間待った。ところが診察はたった3分。英語も通じないし、診療のしようがなかったのかもしれない。

汚い新聞紙に薬をそのままのせて渡されたのだが、気持ち悪くて飲めなかった。病名がわからないままだし、この薬で正解なのかどうかも不安だった。

挑戦しないことのほうが恐怖に

安宿に戻って休んだが、症状は悪化していった。熱も引かなかった。誰ともコミュニケーションがとれない場所で、正体不明の病気に苦しめられる。こんなに恐ろしいことはない。元気なときと違い、時間が流れるのが遅い。安宿の天井をながめながら

「このまま死ぬのかな……」と思った。

結局、最後の力を振り絞って空港までたどり着き、タイのバンコクまで飛行機で飛んで、近代的なホテルに宿泊した。さすがにバンコクまで来ると日本人旅行者がいて、私の顔を見るや「それは絶対に肝炎だよ」と教えてくれた。病院には行ったが、薬は飲まず、ひたすらホテルで養生した。脂っこい食べ物を避け、野菜中心の食事を心がけた。復活したのは2〜3週間後だった。

この体験は大きかった。ビルマで安宿の薄汚れた天井をながめていたときは、「あれをやっておけばよかったな」「あれに挑戦しとけばよかったな」と後悔ばかりで、涙が流れた。このまま後悔しながら死ぬのだと思った。

それ以来、失敗することより、挑戦しないことのほうが恐怖になったのだ。

挑戦しなかったことを後悔しながら死ぬのだけは嫌だ。チャレンジして、失敗したとして、何か問題があるのか？　お金を失うとか、人に笑われるとか、信用をなくすとか、それぐらいだ。べつに命をとられるわけじゃない。死なないんだったら、後悔しないほうを選ぼう。

そこから私の開き直り人生が始まったといっていい。

たとえ失敗する可能性があっても、やりがいのあるほうを選ぶ。難しいほうを選ぶ。その後のビジネスに、この体験は大きな影響を与えている。致命的な失敗さえ避けるようにすれば、いくらでも挽回はきく。

だから、私は失敗を責めない。むしろチャレンジしないことのほうを責めるのである。

ビジネスの４割は勘

ビジネスが成功するかどうか、数字やデータで計算できるのは６割ほどだ。では、残りの４割は何か？　勘である。

もちろん勘といっても、コインを投げて表が出るか裏が出るかというような、いい加減なものではない。理屈にはできないものの、経験知にもとづいた「おそらくこっちの道が正解じゃないかな？」という予測のことだ。

新しい事業を始めるとき、非常に重要なのが、参入するマーケットに成長性があるかどうかということだ。どんなに経営者に能力があろうが、マーケットが萎《しぼ》んでいく状況では失敗してしまう。一方、マーケット自体が成長していれば、多少、経営者に能力がなくても、大きな波に乗って会社も成長していく。

こうしたマーケットを見極める力も、海外旅行で身についたと思っている。

1979年だから、インターナショナルツアーズを立ち上げる前年のことだ。イランを旅行していたら、私が乗ろうとした長距離バスが地元住民に襲撃され、壊されてしまった。結局、移動は断念せざるを得なかった。こんな体験は初めてだった。

その1ヵ月後、イラン革命が起きたというニュースを、日本で見た。意外ではなかった。バス襲撃事件だけでなく、イランに入国したときから「どうしてこんなにギスギスしてるんだ?」と感じていたからである。旅慣れてくると、そうした雰囲気の変化を肌で感じられるようになっていく。危険を事前に察知できる。

いま目の前で起きていることが、将来的には、どんな結果に結びつくのか? 長い時間軸で考える習慣がつく。勘としかいいようがないのだが、その国のマーケットが将来、どうなるかも見えるようになるのだ。

なぜモンゴルだったのか

勘について、もう少し具体的に説明しておこう。

実は、インバウンドという言葉が市民権を得るはるかに前から、私はアジアの支店を増やしている。アジアでは20〜30年前の日本のような経済成長が起きているから、いずれ彼らも海外旅行を始めるだろう。日本にも大挙してやってくるはずだ。いまのうちに準備しておこう。当時、そう考えたわけだ。

成長するマーケットに参入すれば失敗が少ない。アジアの勢いを肌で感じていたから、その決断に自信があった。

ずっと気になっている国にモンゴルがあった。中国や東南アジアより経済発展は遅れているが、未開発の鉱物資源が豊富にあるから発展しないはずがない。１９９６年に日本からの直行便ができたとき、それが確信に変わった。まだ誰もモンゴルに注目していない時期だった。

その後（２００３年のことだ）、モンゴルの国立銀行が払い下げられることになり、向こうの実業家から「投資してほしい」と依頼があった。そこで澤田ホールディングスが買収した。ハーン銀行と名前を変えたが、いまやモンゴル人なら知らない人はいないナンバーワン・リテールバンクに急成長した。なにしろ国内に５３７店舗もの支店を構えるメガバンクなのだ。

モンゴルはカシミヤが有名なので、カシミヤ工場も買収したが、ここはモンゴル国内市場のシェア7割をもつ工場に成長した。モンゴルの経済成長の波に乗ったのだ。

なかなか言葉では説明しづらいのだが、こうした勘は経験によって培われる。ゴルフの本を100冊読んでも、すぐシングルプレーヤーにはなれない。しかし、何度も何度もクラブを振っていると、ある瞬間、コツがつかめるようになる。実際に体を動かすからこそつかめるものがある。

失敗や成功を何度も繰り返したり、多様な環境に身を置いたりした経験が、勘を育てる。もちろんビジネスで経験知を増やすこともできるが、若い人にはまだまだ経験が足りない。未来を読む力を養うのに海外旅行ほどいいものはないのだ。

一度も会社を休んだことがない

死にかけるほどの病気をしたからだろうか、その後は健康に気を配るようになった。おかげで1980年にエイチ・アイ・エスを立ち上げてから37年間、一度も病気で仕事を休んだことがない。

ところが、ハウステンボスのスタッフは実によく病気をするし、よく会社を休む。エイチ・アイ・エスの社員がほとんど休まないのと対照的だった。

そこで健康に対する意識を高めようと、ハウステンボスに2015年、「健康と美の王国」を誕生させた。お客様の健康状態を確認する健康クリニックをはじめ、サプリメントの品揃えでは日本最大級の健康ストア、天然温泉「やすらぎの館」、「健康レストランAURA」などを作った。

基本は医食同源。新鮮でおいしい野菜を食べれば、自然と健康になる。AURAは「変なホテル」の朝食会場にもなっているが、スタッフが毎日食べるにはちょっと値段が高い。そこで、スタッフ専用の安価な健康レストランを建設中だ。

「どうしてテーマパークで健康を?」と不思議に思われるかもしれないが、ここには健康になるための条件が揃っている。まずは「美食の国」長崎ならではの豊富な食材。地産地消でさまざまな料理が堪能《たんのう》できる。そして楽しんで笑顔になれるアミューズメント。さらには無意識のうちに長距離を歩いてしまう広大な敷地。食べて、笑って、歩いているうちに健康になるはずだ。

いずれは医療ツーリズムもやってみたいとは考えている。世界からお客様を受け入れ、日本の誇る高度医療で検査や治療を行う。成長することが確実なマーケットだろう。ただ、4本の柱を育てるのに手いっぱいで、いまのところ力を注ぐ余裕がない。

しばらくは「健康になれるテーマパーク」で辛抱しておくしかない。

べつな理由もある。趣味を仕事にしたくないのだ。私の趣味は旅行と健康。悲しいことに、旅行は仕事にしてしまった。せめて健康は仕事にしたくないので、部下にやらせているわけだ。

健康になる五つのポイント

病気知らずの私としては、健康になるコツは五つしかないと考えている。

一つ目は、バランスのいい食事。栄養素が偏らないよう気をつけて、新鮮な食材をとること。医食同源だ。

二つ目は、明るい気持ちをたもつこと。病は気からというが、病気の7割ぐらいは心からきているのではないか。プレッシャーがかかっていたり、失敗したりしたときは、嘘でも笑顔を作って明るく振る舞うほうがいい。笑顔でいれば免疫力が高まるので、病気など吹き飛ばしてしまう。

三つ目は、呼吸を整えること。体の外からいい気を取り入れて、新陳代謝をはかる。体は変わり続けるものなのだ。

四つ目は、十分な睡眠。眠っているうちに元気は回復する。

そして五つ目は、適度な運動。食べて寝ているだけではダメで、適度な筋力もつけないといけない。筋力がなければ姿勢をたもてないし、いい呼吸もできなくなる。筋トレまでする必要はないが、散歩などは不可欠だろう。

この5ポイントを守るだけで、私はずっと健康体を維持してきた。だまされたと思って、真似してみてほしい。

人間の健康、会社の健康

健康をたもつ五つのコツを紹介したが、実はこれ、会社を健康にするコツとまったく一緒なのである。

まずはバランス。収支のバランスでも、現在の事業と将来への投資のバランスでも同じだが、バランスが崩れると経営もうまくいかない。

社内のバランスも重要だ。企画だけ強くても、あるいは営業だけ強くても、強い会社にはならない。業績は一番弱い部分に合ってしまうからだ。

例えばテレビメーカーの営業部が優秀で、1万台の契約をとってくる。宣伝部も優秀で、それを2万台に増やす。ところが生産部隊が100台しか作れなければ、売上高は100台ぶんにしかならない。一番弱い部分に合わせてバランスがとられてしまうから、そこを引き上げていくことを優先すべきなのだ。

次に明るい気持ち。社員にやる気がないと、業績は向上しない。私が行ったときのハウステンボスが典型だが、暗い顔でいるとお客様も暗い気分になり、業績はさらに落ちていく。嘘でもやる気を見せたほうがいい。面白いことに、マイナス思考の言葉を口にしないだけでも、結果は変わってくる。

そして呼吸。新陳代謝とは、企業でいえばいい人材を確保することだ。経験があっても自分の考えを変えられない古株は、柔軟な若手に置き換えられるべきだろう。また、ある程度は能力のある人を集めないと話にならない。羊がいくら大群になっても狼《おおかみ》にはなれない。合議で乗り切れるほど競争社会は甘くない。だから、たとえ社内は素人で固めるとしても、社外でプロの協力を求めるとか、手を打つ必要がある。

次は睡眠。会社にもバイオリズムがあって、いいときもあれば、悪いときもある。悪いときには焦らず、嵐が過ぎ去るのを待つことだ。風向きが悪いと思ったときは、休むほうがいい。つねに攻めしか考えない会社は潰れる。ときに守りに入って、将来のことを考える時間も必要ということだ。

エイチ・アイ・エスは創業から新宿を本拠地にしているが、管理部門だけ浅草に移転して経費を抑えたことがある。1990年、まさにバブル経済のピークだったが、「こんなことが続くはずはない」と思ったのである。いまは守りに入るべきだと。

まさに勘としかいいようがないが、このとき睡眠に入って力を蓄えておいたおかげで、バブル崩壊の影響をさほど受けず、その後の快進撃につながった（ちなみに、新宿に日本最大級の旅行カウンター「トラベルワンダーランド」を作って反転攻勢に出たのは1993年のことだ）。

最後に運動。企業でいえば、贅肉＝経費を落とすことだ。どれだけ売上を増やしても、無駄な経費が多ければ儲からない。同じ売上高でも利益の多い「筋肉質の会社」にすべきなのだ。ここには運動能力を上げる＝生産性を上げることも含まれるだろう。

どうだろうか？　私がハウステンボスでやったことは、人間を健康にするのとまったく同じことなのだ。このルールさえ守れば、どんな会社でも立て直すことができると確信している。

リーダーをどうやって育てるか

よく「会社は人」と言われるが、もっとはっきり言ってしまえば、リーダー次第だ。社長が良ければ赤字にならない。会社の成績は社長次第、支店の成績は支店長次第。98パーセントはリーダーで決まるとまで言い切れる。

そこで問題になるのが、いかにして優秀なリーダーを確保するかだ。

一つは、すでに結果を出している人を外から連れてくること。特に自分がよく知らない分野に関しては、専門家に任せたほうがいい。

協立証券の立て直しでは、情報システムでトラブルが起きたり、法令違反で金融庁から行政処分を受けたりした。最後にはライブドア事件に巻き込まれたりして、散々な目にあった。法の抜け穴を突くとか、自分の利益を最優先するような「金融界の常識」は、自分の価値観とマッチしなかった。

自分のビジネスでもそうだし、ベンチャー企業に投資するときもそうだが、私はどうしても「世のため人のため」と発想してしまう。莫大なキャピタルゲインが入るとわかっていても、社会貢献しないベンチャー企業には投資しない。金融業界の人間から見たら「甘い」と叱られるだろう。要は、金融が向いていないのだ。

だから、ハーン銀行では、アメリカからプロ中のプロをヘッドハンティングした。「5年でモンゴル一番の銀行にできるか?」と聞いたら、「できる」と言う。彼に一任したところ、本当にトップの銀行に育ててくれた。私は会長として長期的な目標や理念を示しただけだ。特殊な分野では、こういう手法も有効だと思う。

一方、内部で育てる場合は、仕事を任せてみるしかないと思う。もちろん、経験を積ませる意味はある。しかし、それ以上に、絶対にこの人がリーダーに向いているかどうかなんて、確実に予想する術《すべ》がないのだ。もちろん、その可能性の高い人に任せるが、失敗するケースも多々ある。

そこで、こう考えることにした。やらせてみて、結果を出した人が「できる人」なのだと。結果を出せなかった人は、向いていない人。非常にシンプルだ。

3年やらせてみれば、優秀なリーダーなら必ず結果を出してくる。こちらも3年は待つ度量が必要だ。もし結果が出なければ、スパッと切る。ここでズルズル引きずってはいけない。情けは本人のためにもならない。

3年あれば、試行錯誤ができる。失敗に学びながら、自分で自分を育てていくことができる。生まれながらのリーダーなんていない。誰もがリーダーに「なる」のだ。

それができた人がリーダーなのである。

だから、リーダーに就いたとしても、どんどん失敗すればいい。失敗から学べるかぎり、さらにいいリーダーに育つ可能性はある。最悪なのは、失敗を恐れてチャレンジをしないリーダーだ。

私は予定調和なものが好きではない。物事がスンナリ進むより、あっちこっちでつまずくほうがワクワクする。失敗すれば、改善すればいい。右の道を選んで間違っていたら、次は左の道を進む。いつかは正解にたどり着く。ビジネスは試行錯誤の連続であり、海外個人旅行の世界そのものだ。

運の良さが判断基準だ

では、リーダーを選ぶとき、私は人のどこを見るか？　実は運の良さを見ている。経営センスより運のほうが大事だと思っているぐらいだ。

最初は私も気付かなかったのだが、長く事業をやっているうち、運は無視できないファクターなのだとわかった。どんなに才能があっても、どんなに努力しても、運が悪ければ会社が傾いてしまう。実例を山のように見てきた。

協立証券の再建のときは、あえて自分の周りを運の悪い人で固めてみた。倒産した会社の社長とか、勤めていた会社が潰れた人とか。当時の私は少し自信過剰なところがあり、自分は運が強いから、みんなを引っ張っていけると思っていた。実力はあっても運の悪い人にチャンスをあげたかったのである。

ところが、会社は赤字になるし、トラブルも続いた。ライブドアから招いた役員が自殺してしまったときは、大ショックを受けた。私のビジネス人生でも、あそこまで何もかもうまくいかない時期はなかった。3ヵ月もの長期休暇をとって、海外旅行に出たぐらいだった。

いくら自分の運に自信があっても、助けられるのは一人か二人だろう。5〜6人も運の悪い人がいては、そっちに引っ張られてしまう。

運の悪い人・会社には近づかないに限る。「運は友を呼ぶ」じゃないが、運のいい人はやっぱり運のいい人・会社と付き合っている。

では、どうやって運のいい人を見分けるか？　その人の経歴を見て、どんな人生を歩んできたかを知れば、運のいい人か悪い人か7割がたは判断できる。行く会社、行く会社、すべて潰れているような人は論外だ。

面接で話していても、かなり見分けられる。プラス思考で笑顔が多い人のほうが、運はいい。元気で人間性のいい人も、運がいい。マイナス思考で笑顔のない人は、逆だ。こうしたことは初対面でも見抜ける。

才能や努力に注目する人は多くても、運の良さに注目する人は少ない。運なんて要素を持ち出すと、非合理的だと言われるかもしれない。だが、意外にこれが重要なのだ。私はそれを数々の経験から学んだ。

新しい世界が見たい

いまやエイチ・アイ・エスは単体で約7000人、グループでは約1万4000人という大所帯になった。

旅行業務の国内支店は298店、海外の拠点は272店だが、じきに逆転するだろう。現在は日本人が7〜8割を占めているが、この割合はどんどん減っていく。スタッフ数はさらに増えるし、外国人比率も高まる。

すでにイスタンブール支店の支店長はトルコ人だし、ナイロビ支店の支店長はケニア人だ。タイやインドネシアの支店では、働いているスタッフもほぼ全員がタイ人やインドネシア人である。

最優先課題はいかに現地で最大の旅行代理店になるかであって、日本と同じような仕事の進め方をする必要はない。企業理念を守り、サービスのクオリティがたもたれるのであれば、「現地化」はどんどん認められるべきだ。

私が海外旅行で学んだように、世界にはいろんな考え方がある。日本的なやり方を押し付けるのは、百害あって一利なしだ。国によってやり方を変えるのが、「世界のエイチ・アイ・エス」になるという意味だろう。

この本で紹介したように、旅行以外の業務も急拡大している。ここでいったん仕切り直す必要がある。それが組織再編を行った意味だ。事業部ごとの独立性を高め、それぞれがより大きな権限と責任をもつようにした。

ハウステンボスが第2ステージに突入したのと同様、エイチ・アイ・エス・グループも新しいステージに突入したのだと考えている。

エイチ・アイ・エスが「変な会社」であり続けられたら、10年後、われわれのことを旅行会社と呼ぶ人は少ないと思う。われわれ自身、この会社を何と呼んでいいのかわからないが、あえて言うなら「価値創造会社」というところか。

10年後、私は76歳になっている。元気でいるのかどうか、誰にもわからない。70代で元気な人もいるが、創造力や精神力がなくなるようなら、すぐにでも降りたほうがいい。後継者育成は喫緊の課題だ。

澤田経営道場を作り、エイチ・アイ・エスに限らず一般の人も集めて、経営者を育てている。ここで育った若手には、2018年から実際にグループ会社の経営に携わる予定の人もいる。10年後20年後のビジョンを語れる経営者が一人でも多く出てきてくれることを願っている。

子供の頃、私は冒険家や宇宙飛行士になりたかった。前人未踏の土地に踏み込み、誰より先に未知の世界を見たかったのだと思う。だから、旅が好きだった。国内もずいぶん回った。高校時代は友達と自転車で紀伊半島を一周したりした。

新しい世界が見たい——。その思いはいまもまったく同じだ。

新しいテクノロジーに胸を躍らせたい。宇宙や深海にホテルを作ってみたい。戦争や飢餓のない世界を見てみたい。エイチ・アイ・エス・グループを世界に例のない会社にしたい。もちろん、この先も難題が待ち受けているだろう。予期せぬピンチに冷や汗をかく瞬間もあるはずだ。でも、夢をもたないかぎり、夢がかなうことはない。

N.D.C. 335　200p　18cm
ISBN978-4-06-288448-8

講談社現代新書　2448

変《へん》な経営《けいえい》論《ろん》　澤《さわ》田《だ》秀《ひで》雄《お》インタビュー

二〇一七年一一月二〇日第一刷発行

著者　桐山《きりやま》秀樹《ひでき》　丸本《まるもと》忠之《ただゆき》

発行者　鈴木 哲

発行所　株式会社講談社
東京都文京区音羽二丁目一二―二一　郵便番号一一二―八〇〇一
電話　〇三―五三九五―三五二一　編集（現代新書）
　　　〇三―五三九五―四四一五　販売
　　　〇三―五三九五―三六一五　業務

装幀者　中島英樹
印刷所　凸版印刷株式会社
製本所　株式会社大進堂

定価はカバーに表示してあります　Printed in Japan

「講談社現代新書」の刊行にあたって

教養は万人が身をもって養い創造すべきものであって、一部の専門家の占有物として、ただ一方的に人々の手もとに配布され伝達されうるものではありません。

しかし、不幸にしてわが国の現状では、教養の重要な養いとなるべき書物は、ほとんど講壇からの天下りや単なる解説に終始し、知識技術を真剣に希求する青少年・学生・一般民衆の根本的な疑問や興味は、けっして十分に答えられ、解きほぐされ、手引きされることがありません。万人の内奥から発した真正の教養への芽ばえが、こうして放置され、むなしく滅びさる運命にゆだねられているのです。

このことは、中・高校だけで教育をおわる人々の成長をはばんでいるだけでなく、大学に進んだり、インテリと目されたりする人々の精神力の健康さえもむしばみ、わが国の文化の実質をまことに脆弱なものにしています。単なる博識以上の根強い思索力・判断力、および確かな技術にささえられた教養を必要とする日本の将来にとって、これは真剣に憂慮されなければならない事態であるといわなければなりません。

わたしたちの「講談社現代新書」は、この事態の克服を意図して計画されたものです。これによってわたしたちは、講壇からの天下りでもなく、単なる解説書でもない、もっぱら万人の魂に生ずる初発的かつ根本的な問題をとらえ、掘り起こし、手引きし、しかも最新の知識への展望を万人に確立させる書物を、新しく世の中に送り出したいと念願しています。

わたしたちは、創業以来民衆を対象とする啓蒙の仕事に専心してきた講談社にとって、これこそもっともふさわしい課題であり、伝統ある出版社としての義務でもあると考えているのです。

一九六四年四月　野間省一

政治・社会

1145 冤罪はこうして作られる　小田中聰樹
1201 情報操作のトリック　川上和久
1488 日本の公安警察——青木理
1540 戦争を記憶する——藤原帰一
1742 教育と国家——高橋哲哉
1965 創価学会の研究——玉野和志
1969 若者のための政治マニュアル——山口二郎
1977 天皇陛下の全仕事——山本雅人
1978 思考停止社会——郷原信郎
1985 日米同盟の正体——孫崎享
2053 〈中東〉の考え方——酒井啓子
2059 消費税のカラクリ——斎藤貴男
2068 財政危機と社会保障——鈴木亘
2073 リスクに背を向ける日本人　山岸俊男 メアリー・C・ブリントン
2079 認知症と長寿社会——信濃毎日新聞取材班
2110 原発報道とメディア——武田徹
2112 原発社会からの離脱　宮台真司 飯田哲也
2115 国力とは何か——中野剛志
2117 未曾有と想定外——畑村洋太郎
2123 中国社会の見えない掟　加藤隆則
2130 ケインズとハイエク　松原隆一郎
2135 弱者の居場所がない社会　阿部彩
2138 超高齢社会の基礎知識　鈴木隆雄
2149 不愉快な現実——孫崎享
2152 鉄道と国家——小牟田哲彦
2176 JAL再建の真実——町田徹
2181 日本を滅ぼす消費税増税——菊池英博
2183 死刑と正義——森炎
2186 民法はおもしろい——池田真朗
2197 「反日」中国の真実——加藤隆則
2203 ビッグデータの覇者たち——海部美知
2232 やさしさをまとった殲滅の時代　堀井憲一郎
2246 愛と暴力の戦後とその後——赤坂真理
2247 国際メディア情報戦——高木徹
2276 ジャーナリズムの現場から　大鹿靖明　編著
2294 安倍官邸の正体——田﨑史郎
2295 福島第一原発事故7つの謎　NHKスペシャル『メルトダウン』取材班
2297 ニッポンの裁判——瀬木比呂志

経済・ビジネス

世界の言語・文化・地理

958 英語の歴史――中尾俊夫
987 はじめての中国語――相原茂
1025 J・S・バッハ――礒山雅
1073 はじめてのドイツ語　福本義憲
1111 ヴェネツィア――陣内秀信
1183 はじめてのスペイン語　東谷穎人
1353 はじめてのラテン語　大西英文
1396 はじめてのイタリア語　郡史郎
1446 南イタリアへ！――陣内秀信
1701 はじめての言語学　黒田龍之助
1753 中国語はおもしろい　新井一二三
1949 見えないアメリカ――渡辺将人
1959 世界の言語入門――黒田龍之助
2052 なぜフランスでは子どもが増えるのか　中島さおり
2081 はじめてのポルトガル語　浜岡究
2086 英語と日本語のあいだ　菅原克也
2104 国際共通語としての英語　鳥飼玖美子
2107 野生哲学――管啓次郎 小池桂一
2108 現代中国「解体」新書――梁過
2158 一生モノの英文法――澤井康佑
2227 アメリカ・メディア・ウォーズ――大治朋子
2228 フランス文学と愛――野崎歓

F

日本史

世界史Ⅰ

世界史Ⅱ